丛书编委会

总　策　划：来新国　王文成

编委会主任：郭齐勇　周晓亮

编　　　委：来新国　陈知涯　张　彧　尹格韬　沈　众

　　　　　　　王文成　孟淑贤　周长志　罗养毅　秦　丹

　　　　　　　乌　琛

大家精要

席 勒

徐恒醇 著

陕西师范大学出版总社

图书代号 SK17N0156

图书在版编目（CIP）数据

席勒 / 徐恒醇著. —西安：陕西师范大学出版总社
有限公司, 2017.5（2024.1重印）
（大家精要）
ISBN 978-7-5613-7665-2

Ⅰ.①席…　Ⅱ.①徐…　Ⅲ.①席勒（Schiller, Johann
Christoph Friedrich 1759—1805）—传记　Ⅳ.①K835.165.6

中国版本图书馆CIP数据核字（2016）第320867号

席　勒　XILE

徐恒醇　著

责任编辑　王西莹
责任校对　王淑燕
封面设计　张潇伊
出版发行　陕西师范大学出版总社
　　　　　（西安市长安南路199号　邮编710062）
网　　址　http://www.snupg.com
印　　制　永清县晔盛亚胶印有限公司
开　　本　650 mm×930 mm　1/16
印　　张　10
字　　数　100千
版　　次　2017年5月第1版
印　　次　2024年1月第2次印刷
书　　号　ISBN 978-7-5613-7665-2
定　　价　45.00元

读者购书、书店添货或发现印刷装订问题，请与本公司销售部联系、调换。

电话：（029）85303879　传真：（029）85307864　85303629

目　录

第 1 章

童年岁月

> 这个时代在政治和社会方面是可耻的，但是在德国文学方面却是伟大的。1750 年左右，德国所有的伟大思想家——诗人歌德和席勒、哲学家康德和希费特都诞生了……这个时代的每一部杰作都渗透了反抗当时整个德国社会的叛逆的精神。
>
> ——恩格斯《德国状况》

一、父亲的期盼

本书的主人公全名叫约翰·克里斯托夫·弗利德里希·席勒（Johann Christoph Friedrich Schiller），乳名叫弗利茨，1759 年 11 月 10 日生于内卡河畔的马尔巴赫（Marbach）。3 岁以前，小弗利茨一直和母亲以及比他大两岁的姐姐克里斯托芬娜一起生活。由于家境贫寒，母亲日夜操劳，身体不好。这一点也影响到弗利茨，使他从小瘦弱多病。他长得像母亲，宽宽的额头，敏锐的目光，一头棕红的头发。母亲喜爱宗教诗歌，爱讲《圣经》上的故事和一些人物的传记给孩子们听。

弗利茨的父亲卡斯帕尔·席勒（Kasper Schiller）是一个自学成材的军医，在符腾堡公国卡尔·欧根（Karl Eugen）大公的部队中服役。当他得知儿子降生的消息，但未能从战场回到家中，而只能在心中默默地为孩子祝福和祈祷。他说："主啊！你让我这个唯一的儿子成为一个精神上的强者吧！这是我未能上学而没有达到的。"他联想到自己的身世：他当面包师的父亲去世过早，留下了他们八个孤儿和寡母。母亲把他送到乡下务农，直到15岁那年他才得到母亲的恩准，跟随一位修道院的理发师学习外科医术。这在当年也是一种从医的途径，主要是学一点外科和草药方面的知识，然后跟着别人通过实际操作来磨炼自己。他22岁时服役于一支轻骑兵部队，担任创伤外科的军医。他先后参加了为结束奥地利王位的战争（1740~1748）和俄、奥、法与普鲁士的七年战争（1756~1763）。

　　卡斯帕尔·席勒26岁那年，适逢战争的间歇，他去马尔巴赫探望自己的姐姐，姐夫是个渔夫。在马尔巴赫，他住在一个名叫"狮子"的客栈，在此他结识了客栈老板的独生女伊丽莎白·多罗泰阿·柯德薇丝。他们于1749年7月22日举行了婚礼，当时新娘只有16岁。自此，席勒父母便定居在马尔巴赫这栋木桁架结构的二层加阁楼的房子里。结婚十年后，他们才生下弗利茨。

　　卡斯帕尔·席勒是一个严肃认真、虔诚的天主教徒。从他后来写下的祈祷诗句可以看出他追求上进的精神：

　　　　回首时光，发现它好像已经不属于我，

　　　　因此我必须抓紧时间忏悔，时间不能延拖，

　　　　但是不要让我仅仅只做一次忏悔祷告，

　　　　或者像伪君子那样紧紧抱住后悔不放，

　　　　不！生命和思想都必须彻底摆脱旧习，

在脱胎换骨之中让皈依之花常开不息。

他从内心希望自己的孩子从小就能受到良好的教育，把自己耽误了的学习机会在孩子身上补回来，让孩子将来有更好的前程和更大的发展。正如我们中国人所说的"望子成龙"。

二、罗尔希的田园生活

1760 年卡斯帕尔·席勒从前线回到了家乡，这时他已经升为上尉了，并在施瓦本格明德担任了征兵官。但是这里的生活费用太高，1764 年他们举家迁往符腾堡边缘小镇罗尔希。这里处于起伏的山丘和黑森林之间，他们生活在农舍之中。席勒 5 岁便上了乡村小学。第二年父亲又把他送到牧师莫泽尔那里，让他和莫泽尔的儿子一起向这位正直的人学习拉丁语，同时感受一下希腊语。这位乡村牧师是一位有教养的神学家，也是一个不同寻常的人。他给幼年的席勒留下了不可磨灭的印象，以至后来席勒在创作《强盗》一剧中以他为原型塑造了正直无畏的牧师这一角色。

牧师莫泽尔成为童年席勒心目中理想的形象，成为他效仿的榜样。据他姐姐克里斯托芬娜后来回忆，小时候他们做游戏时，席勒动不动就会扮演牧师的角色。他让妈妈或姐姐给他围上一个黑色的围裙，戴上一顶帽子，这时候席勒显得很严肃，让大家听他宣讲道义。如果这时有人发笑，他便不乐意了，马上跑开，好长时间不露面。

除了认真对待游戏，席勒也很认真地对待天主教义对人们的告诫。有一天，父亲发现席勒的鞋是用普通的带子系的，而没有用当时表示身份的扣子。原来席勒是把扣子扯下来给了另一位贫困的同学，父亲问他为什么这样做，他说那个孩子家里根本没有扣子，而他自己还有另一副扣子。有段时间，他接济穷困者的热情像着了魔似的——背着父母将家里的书籍或衣物等赠送给别人，有一次甚至从家里拖出床单和被套给一个乞讨者……直到他父亲威胁要严厉惩罚他，他才不再一字不差地按教义要求去做这类事。

在席勒后来的回忆中，罗尔希的三年时光犹如天堂，虽然从童年到青少年都有艰辛的磨难，但是，那一段时光是唯一没有遗憾的。

三、拉丁语学校

1760年席勒的父亲由于卡尔大公克扣军饷而长期拿不到俸禄，只好请求调回驻军所在地路德维希堡。路德维希堡的王宫是巴洛克时期德国最大的一处宫殿，是由埃贝哈德·路德维希亲王于1709年在他的狩猎场建起来的，宫内装潢十分豪华，风格类似于法国的凡尔赛宫。据说当年拿破仑还亲自跑来一看究竟，看它是否能与凡尔赛宫媲美。后来，符腾堡大公卡尔·欧根便以此为行宫。

席勒和家人一起由田园生活回到了城市，但他们很少接触城市生活的繁华和喧闹。席勒被送到拉丁语学校，严酷的学校生活开始了。填鸭式的灌输，死记硬背式的学习，加上拳打脚踢式的体罚，这些在当时被看作教育学童的最好方法。因为就连《圣经》也谆谆告诫人们：主惩罚他所挚爱的人。

有一次，拉丁语学校的校长把小席勒打得鼻青脸肿，后来却发现这完全是一场误会。校长倒还有点绅士风度，对自己的过失向席勒上尉表示了歉意。据姐姐克里斯托芬娜后来说，父亲对这事原本一无所知，听说此事之后立即把儿子审问了一番，没想到儿子的回答非常真诚。小席勒对父亲说，他之所以没有把这件事告诉父亲，是因为他觉得老师也是为他好。这种宽容的态度十分令人感动。

7岁的孩子每天要像钟摆一样，不停地按时上课和作息。一周六天都是拉丁语课和宗教课，只有星期五才有德语课、算术课，还有几节音乐和唱歌课。为了让学生在做礼拜时能跟得上，星期天上午要到教堂去，下午仍是宗教课。

每年在斯图加特市都要举行拉丁语的国家考试，整个施瓦本地区的学童都要去参加。只有通过了这些考试，将来才有可能学习神学和成为神职人员。这也是席勒父母对于席勒的期盼。在前三次考试中，席勒都取得了第一名，但第四次考试却没有通过。这时正值席勒的青春发育期，身体虚弱，为了赶上规定的课程，他有时到了拼命的地步，就连老师都为他的健康担忧。其实，他在9岁时就已经用拉丁文写诗了，当时写了一首《庆贺新年诗》献给父母。

席勒家庭虽然无缘于路德维希堡宫廷的豪华生活，但是小席勒在每年受到学校表扬嘉奖时，父亲也会带他去辉煌的剧场。这里的演出给小席勒留下了短暂的印象。据姐姐回忆说，小席勒在书本和绘画书中建起了一个自己的"剧场"。有时玩木偶疲倦了，他就和小朋友在屋里或院落搭起由空椅子组成的"剧场"，由他来分配角色，一起做模仿式的游戏。

第2章

严酷的军校生活

> 几年来，我的激情一直在同军校的规定搏斗，我
> 对诗歌火一般的激情如同初恋非常强烈。对任何企图
> 扼杀它的东西，它都会拔剑抗争。
>
> ——席勒

一、卡尔·欧根大公及其军人栽培学校

18世纪的德国与英法等国相比，还处在社会政治、经济十分落后的状态。整个德国被分割成三百多个公国和领地，封建割据的残酷统治使人民生活十分困苦。施瓦本地区就是符腾堡公国的所在地，卡尔·欧根大公便是公国的统治者。卡尔大公不仅对内专制凶残、横征暴敛，而且在七年战争中向法国出卖壮丁赚取不义之财。在生活上，他穷奢极欲，过着歌舞升平、纵酒行乐的生活。他用重金聘用意大利歌舞演员，剧院演出不断。路德维希堡的宫廷风尚吸引了欧洲各地的三教九流前来附庸，各类人物尤其是风流名媛云集大公的小城。

1770年，符腾堡公国首府斯图加特的邦议会通过了"继承

议案"，判决卡尔·欧根大公违法征税。由于受到邦议会的牵制，卡尔大公开始有所收敛并把注意力转向教育事业。同年他成立了卡尔学校，即军人栽培学校。成立学校的目的是培养将来能效忠大公的官员和军官。后世人们把它称为"奴隶培养所"。学校是按军营的方式管理，没有休假，禁止探视。学校规定"禁止学生出校，除非父亲或母亲死亡。如遇这种情况，须派一名军官或管理员共同前往"。学生的一举一动都受到严密监视，由大公亲自决定对学生过失的处罚方式。

公国内的所有学校都得到指令，要向卡尔学校提供有才华的学生，并且优先考虑军官家庭和官员家庭的子弟。实际上，学校是用威逼利诱的手段，要求家长把孩子输送到这个新成立的学校来。

终于有一天，大公命令席勒上尉把儿子送进军人栽培学校，说孩子可以免费上学。这件事使席勒一家措手不及。因为席勒父母都希望儿子将来成为一名神职人员。面对席勒上尉的沉默不语，大公明确指出这是命令，并让小席勒学习法学。

1773年1月16日，冒着刺骨的严寒，席勒上尉把儿子送到了当时学校所在地斯图加特附近的索里图德王宫。那天小席勒穿了一件蓝色的礼服，里面衬了一件无袖的马甲，在行囊中还带了十五本拉丁文书籍和四十三块十字币。

二、席勒的军校生活

自从跨入学校大门，小席勒就过上了与世隔绝的生活：早晨5点钟起床，6至7点晨祷，点名后开早饭，接下来上课。中饭过后要按照命令散步和操练，下午2点到6点继续上课，之后做卫生、自修、用晚餐。晚餐结束后列队回寝室，上床睡觉。

大公要求每个学生都要以书面的形式剖析自己、刻画同学的性格（即监视和告发同学）。从席勒的报告中，可以看出他的体质不好，因而受到疾病折磨，对法学专业也缺乏兴趣。

席勒写道："尊贵的大公殿下，请您用宗教的标准来评价我，您会觉得我做事经常欠考虑，而且草率……尊敬的大公殿下，我是众多兄弟中的一员，从他们那儿您可以了解到我和他们一直是对头，肯定会有人对您说我固执、容易激动、缺乏耐心。但是他们肯定也会夸奖我率直真诚、为人忠厚、心地善良。然而这些美好的品德，只是在义务要求我这么做的时候，我才这样做。我内心感到不满意，这是我咎由自取。但是这也事出有因，一个人如果身体有疾患，心灵的力量就会跟着受难，虚弱的身体会阻碍意志得以实现。"

接着他又委婉地道出了对于法学专业的不满："尊敬的大公殿下，请原谅我的这些错误，请您回想一下我的父母和我从您的手中得到恩典。尊敬的大公殿下，您已经知道，我是怀着怎样的喜悦学习法学的，您一定知道，有朝一日能用学到的知识为大公殿下、为我的祖国效劳，我是多么的幸福。但是如果能作为一个神职人员来效劳，我会更加幸福的……"

1775年底，学校从索里图德王宫迁至斯图加特市内，并扩大为军事学院，新增设了医学专业。于是卡尔大公命令席勒转学医学。

18世纪下半叶，德国市民阶级与封建贵族之间的矛盾日益突出，欧洲启蒙运动关于自由、民主、平等和博爱的伟大思想也逐渐深入人心。这时在德国又出现了"狂飙突进"的文学运动，倡导统一的德意志民族精神、崇尚个人自由和自然的生活，推崇发挥创造性的天才。学校的围墙并不能挡住这些思想的影响。

军事学院的教师雅各布·阿贝尔教授把当时德国文学中最

重要的作品介绍给了席勒，并使他获得了广泛的知识。席勒学习了德国哲学家莱布尼茨的主要思想，他非常赞赏英国哲学家和美学家莎夫茨伯利的伦理学和美学观，他认为这种观点充满了对人性的乐观态度和高尚的道德激情。在莎夫茨伯利的真善美相统一的观念中，体现了英国资产阶级革命胜利后的那种新生的力量感。

席勒对法国启蒙运动思想家卢梭关于"只有人民才有主权（公民社会）"的思想非常赞同，这对他后来在戏剧和诗歌创作中表现出革命的、共和主义的倾向，起了决定性作用；同时席勒以巨大的热情诵读了莎士比亚的《奥赛罗》，把莎士比亚作为天才的范例，并把莎士比亚当作自己的榜样。

尽管监督森严，席勒还是与几位知心朋友，特别是沙芬斯坦和霍芬暗中建立了一个"反对派诗歌俱乐部"，这个组织始终没有被学校发现。同时，席勒还勤奋地学习了心理学、美学、人类史、伦理学、逻辑学和哲学史。

三、学位论文

席勒学习医学，并非出于自愿，而是受命于大公。对此不仅席勒的父母感到非常惊讶，就连席勒自己也觉得不可思议。但是这种历史的偶然却为席勒提供了学习自然科学的机遇，从而对他今后世界观的转变，特别是美育思想的产生发挥了重要的作用。这一点是许多席勒传记作者没有充分认识到的。

1779 年面临毕业的席勒必须在年底之前提交毕业论文。本来这只是一篇大学本科的学位论文，但在当时却被看作博士层次的论文。席勒提交的第一篇论文的标题是《生理哲学》。但是，由于他不受拘束的写作方式和对某些权威的蔑视，得到的评语是"风格华丽""华而不实",因此总体分数不及格,论文没有通过。

卡尔大公命令席勒在学院重修一年,以便让他"略抑性情","只要他继续努力,将来一定会大有出息"。席勒只好再学一年,在完成《炎症和溃烂性发烧》作业的同时,他又准备了第二篇毕业论文。他选择的题目是《试论人类动物特性和精神特性之间的关联》。在文中他指出:"已经有许多哲学家断定说,肉体仿佛是精神的牢笼,肉体过分地把精神锁在尘世间,阻止精神飞向完善;另一方面,某些哲学家则或多或少明确地表述了这样的思想,即认为科学和道德与其说是目的,倒不如说是达到幸福的手段,而人的全部完善就在于他的肉体的改善,我觉得双方的意见都同样是片面的。"

在18世纪,可以说他的论文主题是一个具有特殊认识论的命题。因为在当时的宗教观念中,人是上帝的创造物。达尔文进化论是在19世纪中叶才提出的。这一选题涉及以下几层意义:首先把人与动物联系在一起,无疑是对上帝的挑战。它说明席勒通过学习医学已经彻底动摇了基督教的宗教观念,他是从生命有机体的角度把人与动物联系在了一起。其次在人性观上触及人的生物本能、欲望与人的精神特性的关联,即涉及人性的善与恶的问题。再者还涉及人的肉体存在和精神存在、感性与理性的二重性的关联。

为了论证自己的观点,席勒广征博引,甚至连戏剧资料也收入其中。论文经过多次修改终于获得通过,并被付梓印刷。1780年12月,21岁的席勒终于从军校毕业了。八年的囚徒般的生活终于结束了。用席勒自己的话说就是:"这种环境对我实在是一种莫大的折磨,我渴望逃避,畅想理想的世界,但是铁栏杆让我们与世隔绝。"

第3章

初露锋芒的戏剧创作

　　从我剧本的奇特的结局看来，我应该说，它是有权利在道德的书籍中占有一席之地的。那里，坏人已经得了他应得的惩罚。迷误的人已经又走上了正路。善得到了胜利。谁要是肯这样公正地对待我：为了我，为了了解我，而把这部书读下去。那么，我就可以如此要求他：他不必把我作为一个诗人来赞赏，而是要把我作为一个正直的人来尊重。

——席勒

一、《强盗》的构思

　　席勒首先是作为一个剧作家蜚声于世的。早在他军校生活时便开始了诗歌和戏剧的创作。他认为，戏剧是一面最好的镜子，人们借助它可以清楚地看到平常难以看清的人的最卑劣的一面和最神圣的一面。同时戏剧也是最有效的手段，它可以教育人弃恶从善。所以他从事戏剧创作，就是在舞台上通过对话揭示人的社会行为的道德价值和道德动机，使人们看清那些没有显露出来的实际意图和打算。

早在 1777 年，德国作家舒巴特就写过一篇短篇小说，题目是《关于人的心灵的故事》。作者希望将来能有一位天才把它改写成一部喜剧或长篇小说。故事是这样的：一位德国的贵族生了两个儿子。长子叫卡尔，是个心胸开阔、有远大理想的"天才"；次子叫威廉，是个心胸狭窄、专谋私利的阴谋家。依据德国当时的法律，只有长子才有继承权。然而次子威廉却一心想夺取父亲的权力，于是他就想尽一切办法陷害卡尔，以达到自己的目的。

他们兄弟俩同在一所大学学习。卡尔在生活上不够检点，曾与他人决斗过，最后因为还不清债务而逃离了学校。威廉抓住这个机会，写信给父亲，诽谤卡尔生活放荡，行为不轨。父亲信以为真，把卡尔逐出家门。卡尔离开学校后参加了七年战争，负伤后住进了野战医院。在医院里他写信给父亲，一方面检讨自己过去的行为，另一方面请求原谅以便与父亲和解。不料信落入威廉之手，父亲未能见到，而威廉假称父亲拒绝和解。卡尔出院后回不了自己的家，只好在家乡附近当了长工。

一个偶然的机会，卡尔看到一伙歹徒正袭击一位老人，卡尔奋不顾身与歹徒搏斗救下了老人，此人正是他的父亲。被捕的歹徒供认，正是威廉策划了这次谋杀。事实使老人大为震惊，他后悔自己不该善恶不辨，卡尔却劝说父亲原谅自己的兄弟威廉。

1777 年，18 岁的席勒看到了这篇小说，想把它改写成一部剧本叫《迷惘的儿子》，情节侧重在卡尔从迷惘到醒悟的过程。但是随着席勒思想的发展，他对自由的追求和反对封建制度的社会革命的激情，给故事增添了更加丰富的精神内涵。他认为，人身上有善恶两种力量，但善具有更强大的精神力量。剧情是以执政王莫尔的两个儿子的线索展开的，长子卡尔是一个痛恨封建专制的理想主义者，而次子弗兰茨是一个以自我为中心的功利主义者。他们虽然都受到社会不公平的对待，但他们反抗社会的动机和目的是不同的。剧情沿两条情节线平行发展，这两条情节线彼此相关，但两个主要人物从未碰面，这一结构突出了兄弟俩的对立。

二、《强盗》剧情概要

执政王莫尔有两个儿子，长子卡尔是一个理想主义者，希望建立一个公平合理的社会，即卢梭所提倡的符合自然的共和国。次子弗兰茨则是个利己主义者，他信奉强权就是公理，以一己的利益为行动目标。根据长子继承法的传统，只有卡尔有权继承王位。但卡尔不屑于这种继承来的权力，而弗兰茨则千方百计要夺得这种至高的权力。于是弗兰茨就设法离间卡尔与父亲的关系。

卡尔在莱比锡上大学，行为不够检点，当他认识到自己的错误时，写信请求父亲的原谅。信落到弗兰茨手里。弗兰茨伪造了一封假信，称卡尔由于负债累累、强奸妇女和杀死无辜，已成通缉的在逃犯。父亲悲愤交加，弗兰茨骗取了父亲的信任，由他代写给卡尔的回信。他宣称剥夺卡尔的继承权并令其不得返回家乡。弗兰茨为了进一步夺得继承权，又将父亲关入塔中，宣布自己继承王位。

卡尔收到弗兰茨伪造的信之后，出于一时的激愤，参加了强盗团伙，并当上了他们的首领。卡尔企图利用这些人实现他自己共和主义的理想。当他发现这些强盗的所作所为与他的理想相悖时，他感到心灰意冷。但此时他所领导的强盗在森林中被敌军包围，敌方要他们交出首领，其他人都可被宽恕。但众强盗誓死不肯交出卡尔，并通过宁死不屈的战斗，保存了他们的力量。卡尔出于义气，决定留在强盗中间。

阿玛丽亚是卡尔的未婚妻，她富有理智和情感。当卡尔蒙面回到家里被她认出来时，她并不嫌弃他，并告诉他："你是我唯一的爱人，不能分开的人。"由此卡尔再次表示要脱离强盗，回到阿玛丽亚身边。强盗们得知后质问他："我们牺牲幸福、荣誉，冒着危险都是为了你；当你危在旦夕时，我们像盾牌一样保护着你；可你看到一个婊子哭泣，就想背信弃义?"于是，他撒开阿玛丽亚的手，对强盗们说："完了——走吧，伙伴们!"阿玛丽亚充分理解卡尔的决定，只是请求他给她致命的一击。卡尔经过激烈的思想斗争，终于用枪把她打死了。

杀死了自己的未婚妻，卡尔犯下了迄今最严重的罪行，为他自己加入强盗团伙的行为付出了最高的代价。不过他由此刻起从道义上已不欠强盗的情，在精神上获得了自由。他可以理直气壮地对强盗们说，不再与他们为伍了。他把武器扔到众强盗的脚前，并说："我要亲自去法庭投案。"

席勒所刻画的两个兄弟，都是启蒙运动之后崇尚"天才"并且想成为"天才"的人物。他们都有坚强的意志、精明的头脑和无穷的创造力。他们都受到社会不公正的待遇，因此都反对现存的制度，但是他们具有不同的观念和理想。卡尔受到社会不公正待遇时，他反抗的目的是真正消除不公，实现共和的理想，让人人都能生活在公平的社会中；而弗兰茨反对不公正的制度，只是因为它阻挡了他实现个人野心的道路。他的理想是："让所有人都怕我，我不怕任何人。"这是赤裸裸的暴君心理。卡尔所追求的自由，是所有人的自由；而弗兰茨追求的却是他自己的自由。

在剧中也表现了这些"个人天才"的局限性和危险性。如果不受任何道德约束去实现自己的意志，必然会导致犯罪。卡尔对父亲的"回信"深信不疑，说明他对于亲人缺少充分的了解和信任。卡尔的悲剧源于他性格中的二重性：他一方面要做自主自立的人，另一方面又把父亲的态度看得高于一切。而弗兰茨的所作所为则说明个人的才能和胆略一旦被用于实现个人野心，就会成为不择手段的阴险的暴君或恶棍。

全剧的结尾，弗兰茨的阴谋最后彻底破产，卡尔走了一段弯路又回到了法律的轨道上。

三、曼海姆的首演

席勒从军校毕业以后，被分配到奥热将军的斯图加特步兵团任军医。全团四百二十人几乎尽是伤残士兵，制服褴褛，还要在街上以乞讨为生。未经批准席勒不得离开城市，甚至都不能去索里图德王宫看望住在附近的父母。大公命令他必须穿着制服，而他穿着制服的样子十分滑稽。

正如他的同学沙芬斯坦所说："我们的席勒看上去有多滑稽！人简直就是塞在军服里的，这还是普鲁士军队的老式样，僵直可笑！肩部每侧有三个用石膏上浆的硬邦邦的卷边，军帽很小，连头顶的旋儿都盖不住，头发上还扎着一根粗粗的假辫子，长长的脖子勒着一根细长的鬃带。两条腿看上去像两根柱子，白色绑腿里衬着毡垫，结果比塞进紧身裤的大腿还要粗。套上绑腿走路，膝盖没法弯，看上去与鹳没有两样。"人们很难想象，就是这样一个年轻人，用他的剧本《强盗》震惊了世界。

1781年春天，席勒的剧本《强盗》脱稿，他开始寻找出版商。他出书本想挣点钱，因为作为军医，他每月的薪俸只有十八古尔登，生活十分拮据。另外，他想要了解社会对这个剧本的评价，作为剧作家的他会面临怎样的命运？出于安全考虑，他只能在公国以外找出版社，结果一无所获。于是他只好借债一百五十古尔登，自己在斯图加特自费印刷。剧本还没有印完，席勒就先将印出的部分寄给了曼海姆的出版商施万。施万对剧本很感兴趣，并推荐给曼海姆宫廷国家剧院经理封·达尔贝格。经理准备把剧本搬上舞台，并希望作家能和剧院建立密切联系。席勒原来写作的剧本是只供阅读的，在剧本的扉页上，印有希波克拉底的箴言——"药治不了的，要用铁；铁治不了的，要用火"，以及"打倒暴虐者!"这表现了席勒对当时封建制度的强烈义愤。但是作为演出脚本则要作很多修改，并且要把时代背景推到中世纪，以免引起官方的警觉。

1782年1月13日，这一天将载入戏剧史册。《强盗》在曼海姆国家剧院公演。席勒怀着紧张和期待的心情，与朋友彼得森特一起从斯图加特悄悄赶来。他们坐在专门为他们预定的包厢，等待着首演的开场。开始两幕观众鸦雀无声，没有任何反应，到后面高潮时，全场的气氛突然如同开了锅，观众掌声如雷，群情激愤。剧院中从未出现过这样的场景。后来人们经常引用目击者的报道说：剧院如同疯人院，观众个个握紧了拳头，泪珠在眼里不停地滚动。观众席中一片沙哑的呼喊，素不相识的人相拥而泣，女人们个个处于半昏迷的状态，散场后摇摇晃晃地奔向门口。虽然剧中骑士的服装令人好笑，但是在场的人都明白：剧情就发生在当代，剧本是在向腐朽的封建社会宣战。

正是这部戏剧，后来在德国各地竞相上演，而且在1789年法国大革命之后还在巴黎上演过。为此，1792年3月10日，法国国民议会授予了席勒等十八人荣誉公民称号。议会的决议中指出，这些荣誉公民"他们用自己的文字和勇气为自由的事业作出了贡献，为各国人民的解放作了准备"。正如海涅在《论浪漫派》一书中所说："席勒为伟大的革命思想而写作，他摧毁了精神上的巴士底狱，建造着自由的庙堂。"

《强盗》的演出获得巨大成功以后，席勒又一鼓作气地构思另外一些剧本。他相继完成了《斐艾斯柯》《阴谋与爱情》《唐·卡洛斯》，其中既有不成功的《斐艾斯柯》，也有非常成功的《阴谋与爱情》。

四、《斐艾斯柯》

这是席勒最初所写的一部历史剧。1547 年，意大利的热那亚当权者陀里阿家族与以斐艾斯柯为首的贵族之间爆发了权力之争，斐艾斯柯得到市民的支持，打出了共和的旗号，进行斗争。正当斗争节节胜利时，斐艾斯柯过桥时不慎落入海中。席勒抓住了这样一段历史上的插曲，试图表达自己反对独裁、拥护共和政体的主张。剧本的全名叫《斐艾斯柯在热那亚的谋叛——一出共和主义的悲剧》。贯穿全剧的有两条冲突的线索：一是民众与当权者的矛盾，一是共和政体与专制之间的矛盾。

安德雷亚斯·陀里阿是热那亚共和国的总督，在他的领导下，国内欣欣向荣。但他年事已高，便指定他的侄子吉奥乃提诺为继承人。此人还没上台就滥用家族的权力，无视国家利益和各种法律，公开实行专制独裁。吉奥乃提诺的倒行逆施激起了各阶层民众的愤怒，为了维护共和国的存在，以贵族斐艾斯柯为核心的反对派正式形成。吉奥乃提诺觉察到反对派可能造反，为首的就是斐艾斯柯，因此他决心除掉斐艾斯柯。这样，吉奥乃提诺与斐艾斯柯之间的斗争就成为剧本的一条主线。在《强盗》中席勒就提出了在德意志建立共和国的理想。在《斐艾斯柯》中，这一理想已经不再停留在口头上，而是成了实际的奋斗目标。

实行专制独裁、废除共和不仅是吉奥乃提诺的抱负，而且斐艾斯柯也在斗争中逐步萌发并坚定了将来当独裁者的野心。原来坚定地支持斐艾斯柯的梵利那觉察到斐艾斯柯的意图后，马上站到了他的对立面，与他进行坚决斗争。席勒没有拘泥于历史事实，而是把梵利那塑造成一个有理想、坚定的共和主义者。由此要共和还是要专制，就成为本剧的另一条主线。

如何处理剧中主人公的结局，让席勒颇为踌躇。他曾经两次修改全剧的结尾。1783年出版的剧本和演出的结局是这样的：叛乱即将彻底胜利，首领斐艾斯柯要专揽大权的野心已充分暴露，共和主义者梵利那不能允许推翻一个独裁者而再来一个更凶恶的独裁者。于是，他把斐艾斯柯推入水中，自己归顺了已被推翻的陀里阿家族政权。这一结局使人觉得共和主义毫无前途，整个戏剧成了一出名副其实的"共和主义悲剧"。席勒对这一结局很不满意。

1784年在曼海姆演出《斐艾斯柯》时，席勒把剧本的结局作了颠倒：斐艾斯柯为了国家的前途，放弃了对权力的追求，他要当一名"最幸福的公民"。但这种"大团圆"的结局完全破坏了斐艾斯柯这个人物的性格，因为此前主人公的行动和思想倾向是往独裁者的方向发展的。这一结局席勒当然也不满意，于是在1785年演出时改成这样：在选举侯爵的集会上，梵利那射死了背叛了共和、一心想当侯爵的斐艾斯柯，他自己向人民法庭投案自首。共和主义胜利了，民众成了执法者。

这一现象说明，德国的社会现实还没有把建立共和制的问题提到议事日程之上，因此没有提供现成的答案。当时席勒本人的思想也没有发展到那样的地步，可以为德国指出一条建立共和的道路。

就剧本创作而言，《斐艾斯柯》比《强盗》在内容和技巧的运用方面都有了进步。席勒在剧中特别注意了对人物行为的心理动机的展现。他所关心的问题仍然是"大人物"如何走向迷途的心灵历程，着重于表现人的心灵史。这一点是与《强盗》一脉相承的。

但是《斐艾斯柯》在各地演出的效果都很差，不仅没有像《强盗》那样引起轰动，而且还受到多方批评。席勒也对演出效果大失所望。他把失败的原因归结为德国人不懂共和制的好处。他说："共和制的自由在这个地方是一种没有意义的声音，是一个空洞的名称，在普法尔茨人的血管里流的不是罗马人的血。"

五、《阴谋与爱情》

《阴谋与爱情》是继承了德国启蒙运动最伟大的剧作家莱辛（G. E. Lessing）在《萨拉·萨姆逊小姐》和《爱米丽雅·迦洛蒂》中所开辟的德国市民悲剧的传统。过去舞台的主角都是帝王将相，舞台语言都是以韵文（诗）的形式写成。而《阴谋与爱情》却让市民阶级成为舞台的主角，使用的语言也是白话（散文）。怀着对封建专制制度的无比憎恨，作者在剧中宣扬了德国市民阶级所形成的政治、社会理想。恩格斯把这部作品称为"德国第一部有政治倾向的戏剧"。

席勒从自己的切身体会出发，他不仅遭受专制君主的迫害，也饱尝封建等级差别在爱情问题上的苦果。因此，《阴谋与爱情》直接取材于现实生活。故事的情节是这样展开的：宰相瓦尔特的儿子斐迪南与宫廷乐师的女儿路易丝相恋。宰相对儿子的婚姻却另有谋划。宰相知道，公爵有个英国情妇米尔福特夫人，由于某种原因公爵想与这个情妇分手，并想给她找个配偶来安抚她。于是，宰相决定让他的儿子斐迪南向米尔福特夫人求婚。这样做一方面博得公爵的欢心，另一方面又掌握了公爵的把柄。然而遭到斐迪南义正词严的拒绝。

宰相为了实现自己的目的，和其帮凶拟定了一个阴谋计划。将乐师逮捕，要挟路易丝给她根本不认识的宫廷侍卫长卡尔勃写一份情书，她只有不说出此事的真相，才能放出她的父亲。接着让这封伪造的情书故意落入斐迪南之手。宰相原以为这样就会使斐迪南与路易丝分手，然而斐迪南以为路易丝背叛了自己，冲动之下用毒药毒死了她。路易丝在临死时吐露了真相，斐迪南追悔莫及也服毒自杀。

剧中交织着三种不同的矛盾冲突：作为一种社会背景的是宫廷贵族与市民阶级的矛盾。宫廷乐师知道，女儿与宰相之子恋爱不会有好结果，所以坚决反对。而宰相带着一班人马到乐师家，辱骂路易丝是妓女、其父是"老拉纤的"。乐师回敬道："我的名字叫米勒，我可以为您奏一段柔板曲子，但娼妓买卖我是不做的。宫廷有的是现成的，还用不着我们市民来供应。"接着他坚定地说："大人在国内是可以为所欲为的，但这里却是我的家。对付无礼的客人我就要把他撵出家门。"

剧中的主要冲突来自宰相瓦尔特与他的儿子斐迪南，一个是封建贵族统治的代表，而另一个是追求自由的时代青年。宰相不仅要巩固自己的地位，而且要伺机扩充自己的权力，所以不惜牺牲儿子的幸福。斐迪南受时代精神的启迪，他所追求的不再是靠奴役得来的和沾满鲜血的权力和地位，而是内在心灵的纯洁和自由。

其次，不同社会地位的相爱者之间也有矛盾，即斐迪南与路易丝之间的矛盾。斐迪南是个爱情理想主义者，他把爱情看得高于一切；而路易丝则是一个现实主义者，她不能为了爱情而背叛父母和家庭，她有自己应尽的社会义务。最后斐迪南从他贵族固有的"顺我者昌，逆我者亡"的行为原则出发，毒死了路易丝，从而造成了一场爱情悲剧。

这个剧本不仅内容深刻、扣人心弦，而且形式完美、情节动人，因此在后来的演出中获得了巨大的成功。1784年在曼海姆演出，终场时全场观众起立热烈鼓掌，坐在包厢里的席勒则激动得迅速站起来向观众恭身致意。

六、《唐·卡洛斯》

从1783年起，席勒断断续续地开始《唐·卡洛斯》的创作，到1787年才最终完成。其中从主导思想到创作倾向都发生了根本的变化。他看到了个人反抗暴政的无助，于是他把改变封建社会现实的希望寄托到能变得明智起来的君主身上。剧本的对话也不再是用散文，而是用"高雅悲剧"的韵文。

剧本讲述的是一个有人道主义思想和了解民生疾苦的大臣如何教育启发王子，并最终使这位贤明的王子起来与顽固的封建父王作斗争的故事，它取材于16世纪西班牙的宫闱逸事。唐·卡洛斯是西班牙国王菲力普二世之子，皇位继承人。其祖父卡尔五世在世时定下了唐·卡洛斯和法国公主伊丽莎白的婚约，但祖父去世后，国王菲力普却把伊丽莎白占为己有。婚后的伊丽莎白爱的仍是唐·卡洛斯。唐·卡洛斯只能把心中的痛苦悄悄告诉宰相，即他的好友波沙侯爵。波沙非常同情唐·卡洛斯，秘密地安排了唐·卡洛斯和伊丽莎白会面。波沙看到皇位继承人唐·卡洛斯秉性善良正直，西班牙的未来寄托在他身上，为此他处处对唐·卡洛斯进行人道正义的启发。

波沙发觉菲力普国王最终得知了唐·卡洛斯和伊丽莎白旧情未断，他怕这一恋情会危害到唐·卡洛斯的地位和前途。于是波沙装出自己爱上了王后伊丽莎白，以便把国王的注意力集中到自己身上，并打算牺牲自己来保全唐·卡洛斯，使他日后继承皇位。最终波沙因受到嫌疑而被杀。临死前，波沙把一切告诉了唐·卡洛斯，当唐·卡洛斯得知波沙是为他而死、为西班牙的未来而死时，再也抑制不住对父亲的愤怒。通过波沙的死，唐·卡洛斯变得目光远大，思想也变得成熟了。他终于明白：生活中有比爱情更为崇高的事物。当唐·卡洛斯最后一次和伊丽莎白会面时，国王却已带领宗教法庭的人员来逮捕他，国王要宗教裁判所对唐·卡洛斯判罪。

《唐·卡洛斯》是一部政治悲剧，即宰相波沙进行改革的悲剧，其中纠结着唐·卡洛斯父子同恋伊丽莎白公主这一宫廷爱情悲剧；但爱情悲剧只是政治悲剧的载体，只是用来衬托出封建主的暴虐，增强了政治悲剧的悲剧色彩。波沙显然是席勒思想的"传声筒"，波沙教育唐·卡洛斯日后要成为开明君主，给人民以自由。他在身处险境时对唐·卡洛斯说："为了国家是你的责任，为了救你是我的责任。"这样，波沙不仅是为友谊而死的义士，更是为国捐躯的英雄。剧中的波沙说出了席勒也是专制制度统治下所有知识分子的心声：人民要自由，首先要的是思想的自由！在后来希特勒统治德国的后期，每当演出《唐·卡洛斯》波沙道出这句铿锵有力的台词时，观众总是热烈鼓掌，有时甚至全场起立。

《唐·卡洛斯》试图以开明君主的方案来实现社会改革的

理想；但是在剧中波沙被杀，唐·卡洛斯被捕，这似乎又意味着开明君主执政也只是一个梦想。这个剧本已经没有狂飙突进的热情，更多的是一种冷静的理性。它标志着席勒进入中年时思想的变化。

　　席勒的《阴谋与爱情》和《唐·卡洛斯》后来均被意大利著名作曲家威尔第（G. Verdi）谱曲改编成了歌剧，至今在世界各地长演不衰。

第4章

诗人的逃亡之路

真正的艺术之目的不单是一种短暂的游戏，它的严肃目的在于，不仅使人进入自由的瞬间梦境，而且使他在活动中实际上得到自由。

——席勒

一、从曼海姆到鲍尔巴赫

1782年5月，席勒利用卡尔大公不在斯图加特的机会，与两位女士结伴再次前往曼海姆。曼海姆国家剧院经理达尔贝格热情地接待了他，并且表示，只要他能摆脱斯图加特的军职，剧院就会聘他为编剧。回来后不久，大公把席勒召到霍恩海姆，这时大公正与其第二任妻子新婚宴尔。大公对席勒不满地说："你去了曼海姆，我什么都知道。告诉你，你的指挥官也知道。"席勒虽然得到过指挥官的默许，但他坚决不承认自己的指挥官知道此事。为此，大公极为恼火，命令将席勒禁闭十四天，原因便是擅自出国。谁知祸不单行，卡尔大公怒气未消，加之有人说《强盗》台词中有一句话涉及对瑞士一个州的名誉侵犯，弄不好会引起外交纠纷。于是大公又一次颁令，不许席勒再写任何戏剧。

席勒早就渴望成为一个自由世界的公民，现在唯一的出路便是逃亡了。当年9月，正是俄罗斯的保罗亲王前来斯图加特进行国事访问。斯图加特内外的大小宫殿张灯结彩，热闹非凡，还专门为王宫贵族演出了歌剧和芭蕾舞，舞会也是一场接一场。全部活动的高潮是在熊湖湖畔举行大型宫廷狩猎，为此专门赶来了六千头鹿。席勒和他的朋友作曲家安德烈亚斯·施特拉谢准备22日出逃。席勒出行前同他的母亲和姐姐作了告别。

当施特拉谢准10点来到席勒住处，席勒却似乎把逃亡的事忘得一干二净。他到战地医院查房回来之后，在收拾东西时偶然看到了一本克洛卜施托克（F. G. Klopstock）的《颂歌集》，其中有一首曾经读过的诗让他兴奋不已，他便决定马上和诗一首。不论事态多么紧急，他还要施特拉谢听他的诗作。直到当天夜色降临，他们二人才赶着马车上路，车上还载着施特拉谢的钢琴。当哨兵盘问时，他们都谎报了姓名，这样才混出城外。郊外山顶上，大公殿下正隆重款待嘉宾，峡谷中一辆马车径直向西北疾驰。这次逃亡成为席勒人生的一个重大转折。

到曼海姆不久就有消息传来，说诗人的出逃在斯图加特引起了不小的轰动，大公可能会追捕席勒，或者要求引渡。这使席勒他们感到十分紧张。因为过去有一位叫舒巴特的诗人，曾揭露卡尔大公出卖壮丁的罪行，结果被骗至符腾堡辖区长期囚禁。出于这种考虑，席勒和施特拉谢便从曼海姆又徒步北上，用了两天的时间才走到法兰克福。施特拉谢本来是要由斯图加特迁居汉堡的，但为了在患难中帮助席勒找个落脚点，才一直陪伴着他。由于法兰克福生活费用昂贵，他们只得又乘船到美因茨，并徒步沿着莱茵河南下跋涉到沃尔姆斯。最后，逗留在奥格斯海姆的一个廉价的小旅店中。席勒在这里用了整整八天的时间构思了《阴谋与爱情》。

1782年12月，席勒自己经过七天的旅程来到白雪皑皑的图林根的鲍尔巴赫。这里有他同学的母亲封·沃尔措根夫人的一座闲置的农舍。夫人早就表示随时可以提供席勒居住。席勒到达这里以后，觉得自己如同进入了天堂。他给留在奥格斯海姆的施特拉谢写信说："我在这里生活，设施、食物、服侍、换洗、取暖等一应俱全。全是村上的人自愿提供给我的。"

远离尘世，田园般的宁静安逸使席勒很快完成了《阴谋与爱情》的第一稿，不过当时的剧名还叫《路易丝·米勒林》。他在这里所需的书籍、纸张、墨水等全是由住在邻近的一个图书管理员提供的。1786年席勒的姐姐嫁给了他。

席勒在这里只生活了半年，离开的原因是陷入了爱情的纠葛。他热烈地爱上了沃尔措根夫人的女儿——17岁的夏洛特·封·沃尔措根，但这位姑娘的态度不明朗，另外还有贵族出身的人在追求她。封建等级的门当户对观念，成为席勒难以如愿的社会壁垒。

二、曼海姆的剧作家

席勒由图林根重返曼海姆，使事情出现了转机。剧院经理知道原来席勒是逃亡出来的，怕得罪相邻公国的卡尔大公，因此不敢聘用席勒。现在时过境迁，席勒并未受到大公的迫害，于是剧院经理达尔贝格聘任席勒为剧院剧作家。1783年7月席勒与剧院签约，然而薪酬非常低廉。合同约定，席勒一年之内必须提交三部可以直接搬上舞台的剧本。很快席勒发现，在曼海姆这样的城市生活，一年三百古尔登根本无法支持各种社交应酬；而且要在一年内提交三部可以直接搬上舞台的剧本，也是一个可怕的枷锁，因为强迫会折断创作思维的翅膀。

这年秋天，曼海姆爆发了一场"寒热"传染病，这种病有些类似于疟疾，一下使许多人病倒。席勒也是高烧不退，他在病床上折腾了好几个星期，直到第二年春天才基本恢复过来。其间他给沃尔措根夫人写信说："因为已经连续三天没有发作了。为了能彻底摆脱疾病，我的生活可是够凄惨的——十四天没有吃肉，没有喝肉汤。今天是清水汤，明天还是清水汤，而且中午晚上都是如此；汤里面只有胡萝卜或酸土豆，或其他差不多类似的东西。"

就是在这样的条件下，席勒还是趁着寒热的间歇疯狂地写作。后来出版商的女儿路易丝·施万回忆说：有一天晚上我和父亲正巧路过，想去看望一下席勒。走到大厅的门口，便听到里面传出可怕的喊叫声。只见席勒独自一人，穿着一件短袖衫在厅里走来走去，手舞足蹈嘴里叽里呱啦地乱嚷。大厅中央的桌子上放着两盏蜡烛和一些稿纸。我父亲便对他喊道：我说尊敬的席勒先生，你在干什么呢？昨天你还发着高烧，今天就如同一个突厥人。你自己可是懂医的，难道说你想强迫自己毁了自己不成？席勒长舒了一口气说：我正在演示剧情。

6月26日，席勒在德意志协会的集会上发表了"好的剧院能起什么作用"的演讲。他说，剧院借助什么来发挥它教育民众的作用呢？正是在法律领域终止的地方，剧院的裁判权就开始了。它可以对历史事件和人们想象的领域进行裁判。剧院中表演的那些生动的景象会与普通人的道德体验融为一体，使它比道德和法律更深刻和更持久地发挥作用。

1784年7月，剧作家合同未再续约，席勒向剧院经理建议创办一份《曼海姆剧评》，用以阐发当代戏剧的发展问题。达尔贝格拒不采纳。后来席勒又建议创办一个杂志《莱因塔莉亚》，用人道主义、社会进步和爱国主义思想教育德国民众，同样遭到他的拒绝。席勒考虑如果杂志办得成功，也可以获得一些固定的收入。于是他甘冒一切风险，想自己撰稿、编辑和刊印发行。在其发刊词中他充满激情地宣布："在写作的时候，我是一个不效力于任何诸侯的世界公民。观众是我的一切，他们是我的学问，是我的主宰，是我的知己。我现在只属于观众，我愿意听从他们的，而不是哪一个法庭的审判。我只对他们怀有畏惧之心，只对他们怀有崇敬之意。"

正在诗人穷困潦倒之际，席勒在曼海姆邂逅了夏洛特·封·卡尔普。这位 23 岁少妇的丈夫是驻外外交官，她是沃尔措根夫人的亲戚，曾在鲍尔巴赫与席勒相识，并且对席勒崇拜得五体投地。卡尔普夫人将席勒引入了当时上流社会的圈子，并教给他各种社交礼仪，他们经常出入于宴会和演出。1784 年圣诞节，由于卡尔普夫人的引荐，达姆施塔特宫廷举办了一场《唐·卡洛斯》第一幕的朗诵会。由席勒本人朗读，带着施瓦本的乡音和激昂的情调，听起来绝不是一种享受，但诗人的盛名还是给聚会带来荣誉。魏玛公国的大公卡尔·奥古斯特也出席了朗诵会，并与席勒热情地交谈。第二天卡尔·奥古斯特大公就写下了手谕，赐封席勒为"魏玛宫廷顾问"。

12 月 29 日，席勒怀着一种崇高感回到了曼海姆。"宫廷顾问"的头衔无疑巩固了他的社会地位，对他的父母也是一种安慰。这个头衔不仅可以在闲言碎语面前起到保护作用，而且在众多债主的心里也是一针镇静剂。

三、挚友和赞助人——克尔纳

还在 1784 年 6 月，席勒曾收到一个未署名的邮件，其中有四位"追星族"对诗人狂热崇拜的信,还有一个刺绣精致的荷包,一首为《强盗》剧中阿玛丽亚之歌谱写的曲子以及一张画在羊皮纸上四位捐助人的素描肖像。席勒深受感动,并一直把这幅素描肖像挂在他的写字台上方。他写信给沃尔措根夫人说:"这样的礼物对我来讲是一个全世界的喝彩都比不上的莫大的奖赏,是唯一能让我忘掉无数不愉快时光的甜蜜的补偿。"

寄信人便是克里斯蒂安·戈特弗里德·克尔纳(Christian Gottfried Körner)和他的未婚妻明娜·施托克、明娜的姐姐多拉·施托克和她的未婚夫路德维希·费迪南德·胡伯。克尔纳是法学家,曾陪同萨克森伯爵游学欧洲,后任萨克森高级教会监理会成员和农工商代表团的鉴定官,是一位知识丰富、思想活跃、干练有为的人。他成为席勒一生最亲密的挚友,也是其经济赞助人。

1785年4月,席勒决定接受克尔纳的邀请前往莱比锡。这样做也是为了中断与卡尔普夫人之间的幽会和不可能发展下去的感情。席勒《自由激情》中,透露了诗人内心的感受:

············

> 热盼的幽会终于敲响了钟声,
> 我的幸福降临了。
> 满足在你的炽唇上颤抖,
> 在你湿润的目光中闪烁。
>
> 幸福近在咫尺,我却感到恐慌,
> 我不敢强求幸福。
> 面对你的神圣,我的勇气蹒跚而退,
> 我激情似火,但是不敢奢想福分!

············

4月17日,席勒到达了莱比锡。后来明娜记述说:"当胡伯告诉我们，说席勒要来做客时，我们的心情与其说是高兴，不如说是有些害怕。因为不论在气质上还是在服饰上，我们都把席勒想象成《强盗》里的卡尔·莫尔，或者像出没于波西米亚丛林的随从，足蹬马靴、腰挎马刀。当胡伯把一个金发、蓝眼、腼腆、眼含泪水，甚至不敢和我们打招呼的年轻人介绍给我们时，我们都感到非常惊讶。"没过多少时间，所有的拘束都融化在几个快乐的年轻人的热情之中。胡伯年龄还不到21岁，他热情奔放、性格可爱。胡伯的女友多拉比他大四岁，也是性格开朗、非常诙谐。当时克尔纳不在，克尔纳的女友明娜身材优雅、容貌秀美，且古道热肠。

克尔纳当时在外地，但是席勒和克尔纳之间已经有了频繁的信件往来。他为席勒垫付了前往莱比锡的旅费，并且不事声张地替席勒偿还了大部分的债务。克尔纳是莱比锡戈申出版社的股东之一，他劝出版商戈申替席勒出版杂志，并预支给席勒一年的稿酬，以供他日常生活之用。

莱比锡被人称为普莱瑟河畔的"小巴黎"，是一个繁华喧闹的博览会城市。席勒来到这大千世界以后，不再使用逃亡中的化名"施密特博士"，而是回归了自我。以悠闲的方式在咖啡馆小憩，以诗人的身份与无数仰慕他的人相识。他还得到了前往柏林和德累斯顿的极具吸引力的邀请。

过了三个星期左右，席勒和几个朋友离开喧闹的城市，前往郊区的村庄格里斯，来到幽暗的玫瑰谷，在几个简陋的农家过夜。这里的生活无拘无束。一大清早，席勒便穿着睡衣在田野里跑来跑去。白天则坐在树荫下或凉亭里写他的《莱因塔利亚》或《唐·卡洛斯》。在经历了逃亡和磨难之后，他给克尔纳写信说："我最好的朋友，我深深地感到，在我所有火一般燃烧的激情中，我的心、我的大脑已经联合起来发出坚强的誓言，补回过去的损失，向着崇高的目标重新开始高贵的赛跑。"

四、《欢乐颂》的诞生

1785 年秋天，席勒随新婚的克尔纳和明娜搬到了德累斯顿。一同前往的还有多拉，他们一块儿住在罗施维茨的葡萄山小舍。这一段时间，席勒的内心充满了欢快和幸福。他在给胡伯的信中写道：

> 我终于实现了迄今为止最热切的愿望。在这里，在可爱的人们的关照下，我如同生活在天堂。""一路真的非常舒适，唯一遗憾的是，当我们进入这如画的风景时，天色已晚，夜幕已经降临……当易北河豁然出现在两山的夹持之中时，这是我第一次见到易北河，我禁不住失声叫了出来。啊，我亲爱的朋友，一切太美好了！

当时社会上出现了弗里德里希·封·哈格多恩的一首名诗《献给欢乐》，诗中写道：

> 欢乐，高贵心灵的女神，
>
> 请听我说，希望你喜欢这里响起的歌声，
>
> 希望这歌声能将你变得更加伟大。

在这种自由和友爱的氛围中，席勒也充满了欢快的情绪，这促成了那首激情似火、包容全人类的颂歌——《欢乐颂》的诞生。这首诗，饱含了诗人对穷苦人民发自内心的同情，因为他自己就是从穷苦中走出来的，他呼唤人们要保持勇气，要自救也要相互救助，这体现了自由、平等、博爱这一人道主义的伟大理想。

> 苦难多深重，勇气多坚强，

敢于救助哭泣的无辜者。

我们立下海誓山盟，

对敌对友都以真理相待，

面对王侯也不失男子汉的气概。

…………

快活吧，像行星一样飞驰，

穿过天空的壮丽轨迹，

弟兄们，踏上你们的人生旅程，

像英雄愉快地走向胜利。

这首诗在《塔利亚》（die Thalia）第一卷第二期上发表以后反响强烈。首先克尔纳为它谱了曲，接着先后有一百多人给它谱曲，当然最著名的要属德国音乐大师贝多芬的谱曲。贝多芬看到这首诗时曾经一遍又一遍地诵读。贝多芬对这首诗的感受也非常深，因为他自己的童年也是毫无欢乐可言的。少年贝多芬从小被束缚在养家糊口的生活义务之中，只是后来通过他的刻苦学习和奋斗，才打开眼界体验到人间的自由和欢乐。他激动得热泪盈眶，感到自己有责任用音乐这种世界性的语言把这一人道主义理念传播给全世界。终于在三十年以后，贝多芬将第九交响乐作为以席勒的《欢乐颂》为收场合唱的交响乐。

罗曼·罗兰在《贝多芬传》中写道：在由人声传播的欢乐主题第一次出现以前，乐队暂时休息；这是一阵紧张而又突然的静默，接着开始的声音必须产生神秘而玄妙的作用。你听，果然不错！乐曲主题好似天神般阔步前来。欢乐从天而降，向下倾注无穷的幸福。她的和风轻吻着受苦受难者，凡是被她的温柔接触所治愈的人，无不为其美目流盼而涕泣。

乐曲主题以男低音开始，初听起来还未摆脱尘世的重压，逐渐地，轻快的欢乐掌握了一切有生之伦，与痛苦的力量作斗争而成为胜利者。这时全体乐队以进行曲的节奏阔步前进，如火如荼、向前冲进的男高音独唱响彻全场，创作者贝多芬本人的呼吸吹拂着我们……斗争的欢乐转变为尘世上超越一切的狂喜，接着是热情洋溢的赞歌，整个摆脱了痛苦的人类，在无比的欢呼声中，迎着天空，迎着欢乐，伸出臂膀。

《欢乐颂》的开头便是这一声乐的合唱：

> 欢乐啊，美丽的神奇火花，
> 极乐之乡的仙女，
> 天人啊，我们如醉如痴，
> 踏进你神圣的奥区。
> 你用魔力重新联系，
> 那些被时风无情分隔的东西，
> 只要你展覆温柔的羽翼，
> 四海之内皆是兄弟。

第5章

历史学教授

> 我越来越觉得历史非常重要。这个星期我看了一段三十年战争的历史，到现在还感觉到头脑发热。在民族最悲惨的时期同时也是人的力量最辉煌的时期！由这一黑夜中走出了多少个伟人！我多么希望能用十年的时间，把历史从头到尾研究一遍。
>
> ——席勒

一、初访魏玛公国

席勒除了诗歌和剧本的写作以外，也在作着一些其他的尝试。他曾经着手写小说。第一部是《无耻的罪犯》，根据军校教师阿尔贝讲述的真人真事加工而成，采用18世纪流行的传统的道德启蒙创作手法。故事发生在符腾堡地区，席勒在作品中抨击了当时官逼民反和逼民为盗的社会现状。作品在1787年匿名发表在《莱因塔利亚》上，1792年标题改为《失去名誉的罪犯》。还有一部长篇小说《通神者》没有完成。

写剧本要看剧院经理的脸色行事，经济上又无法自立，席勒感到自己危机四伏。他给克尔纳写信说："我感到很痛苦，因为我还要看很多书，为了收获，我必须播种。"危机同样来自情感生活。席勒在一次舞会上结识了一位19岁的少女亨丽艾特，使他深深陷入感情的漩涡。一段时间席勒几乎与她寸步不离。但是亨丽艾特只是利用席勒诗人的名声来刺激另外两个追求者，一个是追求享乐的伯爵，另一个是犹太银行家。在这场角逐中，席勒对此却毫无察觉。还是克尔纳夫妇多次相劝，才使席勒摆脱了这次危机，胡伯也从真诚的友谊出发，呵斥席勒：你给我振作起来！

为了扩大与文化界的交往并争取魏玛公国大公的经济支持，1787年7月20日席勒前往魏玛，夏洛特·封·卡尔普夫人已经在魏玛等候，并准备陪他拜访上层人物的圈子。然而当时奥古斯特大公正在波茨坦，身为宫廷大臣的歌德也去意大利旅行去了。

到魏玛的第二天，席勒拜访了维兰德（C. M. Wieland）。维兰德是德国启蒙运动时代的重要作家，以写小说为主，并曾将莎士比亚的二十二个剧本译成德文。1772年他受魏玛宫廷邀请担任奥古斯特亲王的教养员。但由于他对这项工作思想准备不足，无法适应，不久便离开宫廷。他一边从事文学创作，一边主编《德意志信使》期刊。维兰德虽然比席勒大二十五岁，但仍然是以友好、尊重的态度与他交谈了两个多小时，并准备将来有机会与其合作。

第三天席勒去拜访赫尔德（J. G. Herder）。赫尔德是德国启蒙时代重要思想家，为"狂飙突进运动"提供了思想和理论基础。他的研究领域涉及神学、哲学、美学、文学和语言学等诸多方面。作为神职人员，他是这一教区的牧师长。他虽然思想活跃、人品高尚，但是对席勒知之甚少，只知道他有点名气而已。席勒对这次见面虽然觉得有些沮丧，但自我感觉还是良好的。他在给克尔纳的信中说："我想他是喜欢我的。"

几天以后，席勒又去了大公的母亲在提夫德的夏宫，同行的还有维兰德。与大公母亲的谈话只能是海阔天空。不过，席勒还是能沉着、自信地应对这些社交场合。连卡尔普夫人也说，就席勒的举止而言，可以出入各种社交场合而不会失误。但是席勒感到：我不是为这个世界而生的，我在这个贵族的世界里感到非常不自在，这有损自尊心。

在魏玛与上层社交圈子的接触给席勒的感受很多，他在给胡伯的信中说："到目前为止，我的各种感受只有一个结论：我知道我贫穷，但是我把我的精神看得比以往任何时候都要高。""和别人相比所感到的匮乏，我可以通过努力和勤奋弥补，这样我美好的自我感觉便是纯洁和完美的。我的感觉是，人必须知道欣赏自己，这也是我给许多大人物的感觉。"

8月，席勒和卡尔普夫人、苏菲·莱因霍德一起，驱车二十五公里来到了耶拿，这座大学城给席勒的感觉是另一番天地。席勒给克尔纳写信描述说：这里给人的第一感觉是，大学生们在这里算得上是主人；即使闭上眼睛，也能分辨出来。此时此刻自己的前后左右都是学生，因为他们的步伐是不可战胜者的步伐。

同行的苏菲的丈夫莱因霍德刚刚被耶拿大学晋升为哲学教授，正决心将康德哲学的研究建成学术的制高点。克尔纳也曾督促过席勒，希望他研究一下康德哲学。莱因霍德此时向席勒表示，来年可以到这里担任历史学教授。席勒从未想过去大学谋职，但是单靠写作又难以维持生计。

二、登上大学讲坛

回到魏玛以后，席勒把卡尔普夫人原先住的房子租了下来，然后一头扎进了他的历史研究。他每天要花上十多个小时大量阅读并开始写作关于荷兰独立的历史，几乎接触到了所有德语和法语的相关资料。

1788 年，席勒完成了他的重要历史学著作《荷兰脱离西班牙统治的独立史》（*Geschichte des Abfalls der Vereinigten Niederlande von der Spanischen Regierung*）。这虽然不是历史学家用以探讨和揭示历史运动规律的专著，缺乏档案学意义上的研究，但仍具有独特的优点。诗人是站在他的世界观的高度上，作品体现了法国大革命之前那一时代的民主和自由精神。正是他在这一独立斗争史中所表达出来的强烈同情和切身感受，使这部著作比当时德国的职业历史学家所写的著作具有更高的历史远见。

当然，席勒的历史观受时代的局限，不可避免地带有观念论的性质，然而在他的历史考察中，却十分重视促成荷兰民族独立的物质经济因素。他把当地促进城市经济发展的手工工场和商业的繁荣，看作摆脱西班牙的决定性前提。这一点又突破了观念论（唯心主义）的历史观。此外，书中也表现了对封建中世纪的强烈批判意识，这与后来浪漫派把中世纪理想化的态度是根本对立的。他说："一层阴暗的雾障把欧洲的视野笼罩了千百年。"他把十字军东征看作"愚蠢和疯狂"的结果。他从资产阶级的成长看到了历史发展的希望。席勒在书中提醒人们不要重犯荷兰独立中艾格蒙特所犯的错误。

这本书的前一部分在《德意志信使》杂志上发表以后，立即获得巨大影响，它也重新燃起了人们心中为德意志的自由而斗争的理想。1789 年，席勒还在《塔利亚》杂志上发表了《艾格蒙特伯爵的生平和死亡》，又在《季节女神》杂志上发表了《安特卫普的被围》等有关荷兰独立史的文章。

1788 年 10 月前后，德国大诗人歌德的副手弗伊格特枢密顾问来找席勒，向他通报耶拿大学历史教授的职位已经空缺，问他是否感兴趣。这时席勒决定以自由为代价来换取朝思暮想的安全感和稳定的经济收入，于是他答应了。但是，12月中旬，席勒经歌德之手得到政府通知，令他开始作教学准备。看到通知，他顿时傻眼了：该职位没有薪水，没有津贴。他恍然大悟：他们把我要了。在给克尔纳的信中席勒抱怨说："这个岗位不但没有薪水，还要倒贴钱，鬼才愿意干呢。"然而事已至此，只能先干起来。

1789年5月26日，是席勒登上讲坛的首场演讲。这堂课的题目是：什么是世界史？为什么要学习世界史？原来预定的报告厅可以容纳百余人，但是前来听讲的学生络绎不绝，结果不得不调换到格里斯巴赫大厅，那里可以容纳四百人，耶拿大学当时全校也只有八百多学生。当学生们穿越市区涌向新的报告厅时，市民和宫廷卫兵都被惊动了。大家纷纷询问：出了什么事？大学生们高声回答：新任教授作报告！席勒穿过人群的夹道，登上了讲台。报告厅的前厅和大门都挤满了人，气氛极其热烈。后来一位柏林中学校长分析说，那么多人来听报告，原因恐怕是好奇和新鲜，因为这是一个著名剧作家以完全不同的身份出现在大学的讲台上。

席勒以诗人的激情结束了讲演："我们的内心应当燃烧起高贵的渴望；将先人继承下来的由真理、道德和自由组成的丰富遗产发扬光大，不遗余力地为这笔遗产作出我们的贡献，将它传给后世，在永不消逝的人类之链上牢牢固定住我们正在逝去的生命。"

显而易见，这种科普式的风格不适合长期教学。好奇心过后，听讲的学生逐渐减少到三十个人左右。克尔纳曾经和他认真地谈过心，规劝他要正确把握自己对历史心血来潮式的激情。提醒他：专注历史研究不会比文学创作带来更多的收益，同时历史研究还需要多年的学术功底。

三、渴望已久的家庭生活

难以想象的是，席勒在耶拿一待就是十年。他在施拉姆姐妹的公寓里租了三间套房，还让人打制了一张写字台，从而拥有了生平第一张自己的写字台。这位居无定所、浪迹天涯的世界公民说：在耶拿，我第一次成了真正意义上的公民。这成为席勒人生转折的一个标志。他在给克尔纳写信时说："到目前为止，我一直是一个孤独的人，迷途于自然之中，而且没有任何财产。""我渴望市民的家庭生活，这也是我目前唯一所希望的……在我的身边，我必须要有一个属于我的生命，我可以而且必须让它幸福。它的存在可以让我焕发青春。"

早在 1787 年 12 月，沃尔措根夫人曾陪同席勒从魏玛去鲍尔巴赫故地重游。途中在鲁道尔施塔特停留了一天，拜访了封·伦格菲德女士。伦格菲德女士有两个女儿，已婚的姐姐卡洛琳娜和未婚的妹妹夏洛特（Charlotte von Lengfeld）。夏洛特后来便成了席勒的妻子。传记作家曾对这位未婚妻这样描述道：

夏洛特纤细的形象展现了这个温柔、快乐的心灵所拥有的全部的妩媚。可爱的脸颊两侧有几缕褐色的卷发，脸部线条精致，隐约透出一丝深沉的梦幻感。美丽的双唇具有"任何人都无法模仿的微微上翘"，蓝色的眼睛透射出贞节和善良。乐于助人是她性格的基本特征，小鸟依人是她最美好的女性天赋，为了他人而生活，更重要的是为了所爱的丈夫而生活，如果必要，可以献出自己，这就是她自然的和崇高的思想。

在和这位夏洛特相识以后，席勒开始向她表达爱慕之情。他写信说："我有那么多的话要对您说，但是离开您的时候，我却什么都没说。和您在一起，我感觉到的只有幸福，我静静地享受，无法用言语表述。"

几个月之后，席勒给她写信，希望她对他能达到"意会"的地步。在《唐·卡洛斯》中有一个场景原来曾出现这样一段话：

多么糟糕，思想不得不在
没有变化的语言成分中
四分五裂，
心灵必须借助声音
才能体现。
镜子最忠实，放在我的面前，
它可以全部接受和再现我的心灵。
有了它，你就拥有了
破解我生命之谜的全部。

但是席勒后来把它全部删掉了。没想到，这段话有朝一日却用在了他自己身上。

夏洛特后来给席勒写信说：当你把《唐·卡洛斯》寄来的时候，我的心灵就已经悄悄地预感到，你的信件将是我的一切。我把你的信都找出来了，仔细保存好，我也不知道为什么，只是觉得收到你的东西，感到高兴，感到亲切。你答应星期天来，我在忐忑不安地等待着这一天的到来。每听到一个脚步声，我就会以为这是你。我不希望身边没有你。

席勒的婚礼于 1790 年 2 月 22 日下午举行，地点是离耶拿较偏远的一个乡村教堂。这样做是为了防止学生们搞恶作剧。证婚人便是夏洛特的母亲伦格菲德和姐姐卡洛琳娜。

在一位侍女的帮助下，席勒夫妇便在席勒的单身公寓营造起幸福生活了。席勒这时给克尔纳写信说："我现在过的日子太美好了。我满心欢喜地看着周围，我的心在绵绵不绝的温柔中得到满足，我的生命得到了美好的营养和修养。"虽然这一年席勒经常一天工作将近十四个小时，但人们普遍认为，这一年是席勒一生中最幸福的一年。

四、《三十年战争史》的写作

在妻子悉心的照料下，席勒为戈申的"女性历史"丛书开始了《三十年战争史》（*Geschichte des Dreißigjährigen Krieges*）的写作。他查阅大量资料、全心投入写作，几乎到了走火入魔的程度。

"三十年战争"是指 1618 年发生在欧洲以德意志为主要战场的国际性战争。战争是以德意志新教（基督教）诸侯和丹麦、瑞典、法国为一方，并得到荷兰、英国、俄国的支持；以神圣罗马帝国（德国）皇帝、德意志天主教诸侯和西班牙为另一方，并得到教皇和波兰的支持。然而新旧教之争只是一种借口，实际上皇帝要加强权力、新教诸侯要扩张领地，几个大国则乘机进行侵略。

这场战争从捷克反哈布斯堡王朝的统治开始，其过程大致可分为四个阶段：捷克阶段（1618~1624）、丹麦阶段（1625~1629）、瑞典阶段（1630~1635）和法国-瑞典阶段（1635~1648）。最后以皇帝、德意志天主教诸侯和西班牙的失败告终。

捷克在 1526 年被并入神圣罗马帝国的版图，德国皇帝兼为捷克国王，此时捷克人尚有宗教自决、政治自治等权力。但到三世皇帝马提亚（1612~1619）时，他派遣耶稣会教士深入捷克，企图恢复天主教，并指定奥地利哈布斯堡家族的斐迪南为捷克国王，遭到捷克人的强烈反对。当国会向皇帝马提亚提出抗议时，遭马提亚拒绝，并宣布新教教徒为暴徒。于是捷克人在1618年举行起义，这是反对哈布斯堡王朝起义的开始。

事发后，捷克国王斐迪南派特使到德国，请求巴伐利亚公爵即天主教盟军出兵捷克。捷克的新教教徒们则向德国的另一派即新教同盟的选帝侯腓特烈求救。1620年11月，两军在布拉格附近发生激战。腓特烈被天主教盟军击败逃往荷兰，捷克大部分封建主的土地沦入德国人之手。

逃亡在外的腓特烈从荷兰来到英国，作为英王詹姆士一世的女婿，腓特烈知道英王不会坐视不管。同时英王也垂涎北德领土的丹麦和瑞典。1625年，由法国首相黎世留倡议，英国、荷兰、丹麦缔结反哈布斯堡联盟，并怂恿丹麦出兵。于是丹麦国王克利斯汀四世率军入侵德国。

面对丹麦人的攻势，斐迪南寝食不安，他决定任用捷克贵族华伦斯坦为军事首领。华伦斯坦率领大军势如破竹，一直把丹麦军队打到日德兰半岛。从此，丹麦一蹶不振，德国的政治地位大大提高。斐迪南听信谗言，撤了华伦斯坦的职，并解散了他的军队。

1630年，作为新教同盟之一的瑞典强大起来并出兵攻打德国。在许多重镇相继失守的情况下，斐迪南只好让华伦斯坦再次领军。因军队是仓促募集的，战事又不利，为保存实力，华伦斯坦建议斐迪南同瑞典讲和。这引起斐迪南不满，又解除了华伦斯坦职务。德国在西班牙的帮助下，虽然又一次打败了新教同盟国，但战争留下了大量的德国伤兵和逃难的百姓，使德国土地大片荒芜。

1635年，法国在英、荷、瑞典等国支持下正式向西班牙宣战。直到 1643 年法军才在洛可瓦会战中获胜，由此西班牙从海上强国的优势地位衰落下去。失去了西班牙的支持，德皇只好求和。1648 年德国被迫签订和约。

三十年战争，虽然结束了中世纪以来"一个教皇、一个皇帝"统治欧洲的局面，但是德国被分裂为近三百个独立的、大小不等的诸侯领地和一百多个独立的骑士领地，人口也锐减。神圣罗马帝国在事实上从此不复存在。

席勒既不信仰天主教（旧教），也不信仰基督教（新教），他是站在民族独立和自由的立场上来看待这场战争的。这段历史研究也为他日后创作历史剧《华伦斯坦》提供了素材。

1790 年的最后一天，席勒和妻子夏洛特前往美因茨的艾尔福特，他和夏洛特及卡洛琳娜一起拜访朋友，听音乐会，看戏剧演出，过得无忧无虑。1791 年 1 月 3 日是美因茨选帝侯的生日，席勒被隆重地接纳为选帝侯实用科学院院士。他应邀出席了盛大的音乐会和晚宴，对周围的一切感到十分满意。

第6章

转向康德哲学研究

　　毫无疑义，平凡的人们至今也没有说出比康德的言语更伟大的话，康德有一句话概括了他的整个哲学："请你由你自己来规定吧！"同样，在理论哲学中还有一句话："自然服从于理性的法则。"这种自我规定的伟大思想对我们反映在某些自然现象中，而我们把它叫作美。

——席勒

一、疾病与死亡的阴影

　　1791 年初，席勒终于积劳成疾，病患一直折磨着他的身体。在选帝侯举行的晚宴上，他突然感到异常难受，不得不让人用轿子将自己抬回住处。医生诊断认为是感冒引起的发烧。稍有恢复之后，席勒便与妻子夏洛特一起骑马走了二十公里来到魏玛。他把妻子安置在封·施泰因夫人处，自己于 1 月 11 日前往耶拿，继续他的历史课教学。

　　但是四天之后，席勒不得不用颤抖的手给夏洛特写信，告诉她疾病又卷土重来了，希望她能乘最近一班马车赶来照料他。席勒这次得的是肺炎，而且扩散得特别快，又引发了胸膜炎和腹膜炎。然而治疗对他造成的危害甚至远比疾病本身对他的损伤更严重，治疗的结果大大削弱了他整个身体的健康。当时的治疗是放血疗法、贴发泡硬膏、水蛭疗法加上呕吐药和泻药。病人的身体本来就很虚弱，这些疗法犹如雪上加霜，将病人几乎推向了死亡的边缘。

后来席勒给克尔纳写信说："连续三天，我虚弱的胃把吃下去的药全吐了出来，在头六天，我什么也吃不下去，加上剧烈的上吐下泻和持续高烧，我的体质已经非常虚弱，就连把我从床上抬到坐便器上这样的小动作都会让我昏厥过去。在第七天到第十一天之间，医生不得不让我在午夜过后喝酒。……直到退烧第八天后我才能下床几个小时，过了很长时间，我才能拄着拐杖下地活动。"

魏玛公爵只是给席勒这位宫廷顾问送来六瓶马德拉酒，祝他早日康复。气闷和胸口的疼痛让席勒感到难受，将马德拉酒与匈牙利葡萄酒一块喝，使他舒服一些。他在 4 月给克尔纳写信说："在这儿没法对别人说我对眼下状况的感受。总之，我觉得这种痛苦看来是摆脱不掉了。"

接着 5 月份在鲁道尔施塔特，席勒的病再次发作。这次是体内脓液突破了横膈膜，横膈膜的痉挛引起剧烈的哮喘。哮喘周期性地反复发作，使呼吸非常困难。有时还出现严重的热寒，四肢冰凉，脉搏也摸不到了，只有靠不停地在身上揉搓才能不昏迷过去。席勒后来给克尔纳写信说："我和死亡的面对面已经不止一次了，勇气经过这种历练得到了增强。特别是星期二那次，我原以为活不过来了，每时每刻都担心会不堪艰难的喘息。话是早已说不出来了，想说的东西只能靠颤抖的手写出来。"

在病中，席勒更担心的是自己的妻子。夏洛特每天都提心吊胆在床前服侍，那是何等的煎熬！嫁给了这位天才的诗人，难道新婚第一年就要失去他吗？席勒之所以担心和痛苦，是怕善良的妻子经受不住这样的打击。

当时席勒的身体状况已经完全不能去耶拿大学上课了。他需要休养。席勒曾经向魏玛大公卡尔·奥古斯特提出提高薪俸，因为单纯指望写作的收入是无法维持生计的。但大公只是一次性地送来二百五十塔勒。席勒在这一年看病便花去了一千四百塔勒。幸好戈申为 1792 年的《女性历史丛书》预付了可观的稿费，这才解了燃眉之急。席勒前往波西米亚（现属捷克领域）的卡尔斯巴德只疗养了一个月，因为他太穷了，无法支付更多的费用。

二、来自异国的赞助

早在 1790 年 8 月，丹麦诗人延斯·巴格森（Jens Immanuel Baggesen）来到耶拿，结识了席勒夫妇。在他的日记中，记录了他对席勒夫妇的印象。他说席勒夫人是一个美丽、可爱、温柔、优雅、丰满、可亲、面带微笑的女士，席勒"瘦长、面色苍白、令人肃然起敬"。接着他在日记中记录了他所听到的有关席勒的经济状况，"我忍不住要落泪，他的年俸只有两百塔勒，但是一年实际需要的却要超过一千二百塔勒，他必须过高雅的生活。正因为此，他必须像一匹马一样，从早到晚工作。在学校他的听众很少，因为他没有朗诵的天赋，而且也没有这个耐心。他的收入取决于总是不断催稿的出版商，他的债务越来越高……"

于是，巴格森想要说服他的赞助人——奥古斯滕堡的弗利德里希·克里斯蒂安二世给席勒以经济支持。他当时给这位王子朗诵了《唐·卡洛斯》的第一幕，这位主张强力治国的王子顿时好奇心大起，接着用了一个夜晚的时间，一口气把剧本从头看到尾。

关于席勒病危的消息已经传遍了四面八方。《南德意志文学汇报》甚至在 6 月 19 日迫不及待地报道了席勒已经死亡的消息。这时巴格森和他的几个哥本哈根的朋友，原本打算在赫尔辛基北面的一个村庄搞三天的聚会，在大自然中陶冶艺术情操。然而这时他们得到了席勒去世的噩耗，于是把这次聚会改成了追悼会。他们朗读和诵唱了席勒的《欢乐颂》，巴格森还朗诵了自己写的诗：

> 去世的朋友，你应当永生！
> 朋友们，让我们一起歌唱！
> 愿他的精神在海拉斯的圣林中
> 永远飘浮在我们的周围。
> 让我们高举双手！
> 对着葡萄酒宣誓：
> 我们永远忠于他的精神，
> 直到我们在苍穹相逢！

弗利德里希·克里斯蒂安二世 1791 年到德国的时候，差一点和席勒在卡尔斯巴德相遇。席勒正好在他到达的前一天离开了卡尔斯巴德。但是王子遇到了克尔纳的小姨子多拉，她当时陪伴一位公爵夫人出游。她给王子讲述了很多这位著名诗人的不幸境遇。这位丹麦王子当时给家里写信，十分震惊地感叹："他会饿死的，这种事情竟然发生在启蒙运动时期！"

于是当年 11 月底，丹麦王子弗利德里希·克里斯蒂安二世与他的财政大臣西梅尔曼伯爵联名给席勒写信，以恭敬和谦卑的语气称席勒是一个高尚的人，并提出以下建议：

"据我了解，您因过度辛劳和工作而使健康遭受损坏，需要一段时间彻底的休养，只有这样您才能恢复健康，才能扭转威胁您生命的危险。但是您目前的状况不允许您享受这种休养，您是否能赐予我们荣幸，在您享受这种休养方面减轻您的负担？为此，我们提议向您提供一个礼物，为期三年每年一千塔勒。

"高尚的人，请您接受我们的提议：我们的头衔将促使您不会拒绝我们的提议……"

席勒接到这封信后欣喜若狂，并及时给丹麦王子发出了感谢信。他认为这是出于纯洁、高尚的友谊，他愿意接受。同时他也把这一喜讯告知克尔纳："亲爱的克尔纳，我按捺不住，一定要立即把我的喜悦传达给你，我最最热切的盼望终于实现了。我终于可以在较长的一段时间内，说不定也有可能是永远摆脱我的困苦。我终于获得了盼望已久的精神上的独立。"

有了经济上的保障，席勒就可以获得一段调整和喘息的时间，以便改善身体的健康状况。1792 年春天，他同妻子到德累斯顿，在克尔纳家里度过了四个星期的"精神浴疗"。回到耶拿后，将历史课的讲授改为个别授课。

三、投入康德哲学研究

很久以来，席勒就想研究康德（I. Kant）哲学，有了经济的资助终于可以安心学习和研究了。他给克尔纳写信说："我现在正在满腔热情地研究康德哲学。我主意已定，不把康德哲学研究透彻决不罢休，即便花上三年五载也在所不惜。"

康德哲学为什么会对席勒产生如此巨大的吸引力呢？因为康德哲学提出了"人是什么"的问题，即人的主体性问题。可以说在 19 世纪前后，整个西方世界的哲学思想都是围绕着康德的学说旋转。有人说，有了康德，哲学不会像以前那样幼稚；有了康德，哲学就开始了不断更新、日趋深刻的长征。在康德之后，费希特、谢林、黑格尔和叔本华都从他这里吸收营养，成就了自己庞大的哲学体系。

席勒与康德共同生活在 18 世纪的欧洲启蒙运动时代，人们信仰科学的、逻辑的力量，即认为理性可以解决一切问题。但是，当时的沃尔夫学派把崇拜理性和虔诚信仰基督教融为一体，竭力给宗教以理性的解释。1780 年，康德发表了著名的《纯粹理性批判》（*Kritik der reinen Vernunft*）。康德在书中提出了要克服两种世界观：一种是克服怀疑论的世界观，贝克莱的怀疑论否定了物质世界，休谟的怀疑论否定了精神世界；另一种是克服独断论的世界观，即克服以理性的名义而没有根据的武断作出结论的观点。由此他提出了批判哲学的路线。

《纯粹理性批判》的基本思想是：一切知识都是从经验开始的，但是知识并不局限于经验。一部分知识是由人的认识能力获得的，它对个体来说具有先天性质，它是先于经验的。经验的知识是个别的，而先天的知识则是普遍和必然的。康德区分了分析判断和综合判断，认为综合判断能扩大我们的知识。既然一切经验的判断都是综合的，那么纯粹的、经验之外的知识如何可能？这是他在书中主要探讨的问题。他所提出的先天综合判断是对经验论和唯理论两种知识论的综合。他所考察的是人的心理功能即认识能力本身的问题。

1788 年，康德的《实践理性批判》（*Kritik der praktischen Vernunft*）出版，这是有关道德问题的专著。他认为，以前的道德理论都是他律的，是从道德之外的原则中引申出来的。他认为，道德原则具有自身的独立性和自身价值，它是自律的，出发点是人的善良意愿。他指出：人是目的本身，在任何时候、任何人都不能把人只当作工具来使用。

1790 年，康德的《判断力批判》（*Kritik der Urteilskraft*）出版，这是有关感性、审美和目的论问题的专著。在康德的哲学体系中，这三大批判是与人的心理功能的三分法即知、情、意相关联的。判断力在知性和理性之间占据中间位置，由此判断力成为沟通人的理论理性和实践理性的中间环节，以达到真善美的统一。康德的目的论关注的首先是人，只有人才能给自己提出自觉的目的，由此而产生出文化的世界。

席勒之所以投入康德哲学的研究，与他对法国大革命的态度有关。1789 年至 1794 年法国爆发了推翻封建专制、确立资本主义制度的革命运动。巴黎人民先后举行了三次起义，其间成立了法兰西共和国，以罗伯斯比尔为首的雅各宾党人专政后废除了封建所有制，并镇压了忿激派和阿贝尔派。1794 年，罗伯斯比尔的反对派又推翻了雅各宾党人的专政，建立了热月党统治。席勒并不真正理解他的时代的革命现实。他虽然在思想上肯定革命，却看不出也不承认实现革命所必需的手段。当雅各宾党人专政，用革命暴力把革命贯彻到底时，席勒对法国大革命的态度则由开始的鼓舞转为彷徨、怀疑甚至反对了。他认为法国革命不适宜于德国，然而德国的鄙陋状态又使他不能忍受，于是他就沉浸到康德的哲学，特别是美学之中去了。

康德哲学确实成为席勒美学的出发点，但席勒并不满意康德对于许多对立范畴未能揭示出它们相互联系的共同基础，同时想从客观性上对"什么是美"加以新的论证。他经常与身边的一些年轻学者如洪堡等人一起讨论，并发表了一批重要论文。这些论文足以使我们跟随席勒一同进入美学殿堂。

威廉·封·洪堡（Wilhelm von Humboldt），这位比席勒小八岁的学者，当时就住在席勒家附近，与席勒朝夕相处。他后来离开耶拿出国担任公使，成为著名的政治活动家和语言学家，归国后曾任内务部文教局长，是柏林大学的创始人；后来著有《关于席勒及其精神发展的道路》，并出版了与席勒的通信集。当时洪堡曾对席勒说："没有人能说清楚，你究竟是一个做哲学思考的诗人，还是写诗的哲学家。"

四、跨入美学的殿堂

美是现象中的自由

1793 年初，席勒以书信的方式和克尔纳探讨了"什么是美，即美的本质何在"的问题。这七封信后来以《论美书简》的形式发表。

席勒把自己对美的概念的解释看作第四种方式。他说："人们或者客观地解释美，或者主观地解释美。也就是，或感性-主观地解释美（如博克等），或主观-理性地解释美（如康德），或理性-客观地解释美（如鲍姆加登、门德尔松及其他美在完善论的拥护者），最后或感性-客观地解释美。"前三种观点虽然都包含真理的成分，但是它们都把局部当作了整体。

英国经验主义美学家博克认为美在快感，"美是物体中能引起爱或类似情感的某些性质"。席勒称这是一种感性-主观的解释。

德国理性主义哲学家如沃尔夫、鲍姆加登等强调美在完善。沃尔夫说："美在于一件事物的完善，只要那件事物易于凭它的完善来引起我们的快感。"鲍姆加登进一步把美看作

"感性认识的完善"。席勒称这是一种理性-客观的解释。

他企图调和和纠正两大流派的片面性，他仍然是以理性主义为依据，把美看作从现象界（相应于认识的真和必然性）通向物自体（相应于道德的善和主体自由）的桥梁，美在于无目的的合目的性，而任何服从目的概念的美都不是纯粹的美。

席勒则是从构成事物的质料与形式的统一以及人的理性与感性的统一关系中，指出美是现象（直观）中的自由，即自律的、自我规定的东西。美的形式只是真、合目的性、完善等的自由显现。

康德把美看作道德的象征，席勒认为道德的理性自律对于美的感性自律仍然是一种强制，这种道德行为与美无关。为了说明这一点，席勒给克尔纳举了一个例子：

一个人落到一伙强盗手中并受到了伤害，他们把他的衣服剥光并抛在寒风凛冽的道路旁，他请求过路人的帮助。

第一个过路人走来说："我可怜你，但你的样子使我难堪。我给你点钱让别人来帮助你吧。"这个人只有一点同情心。

第二个过路人走来说："如果为你浪费时间，我就错过了赚钱的机会。如果你支付我钱，我就背你到前面的修道院去。"这个人只讲究个人的利益，连同情心也没有。

第三个过路人听了受害者的陈述，经过一番思想斗争说："我很难留下我的外套和我的马，但是义务命令我帮助你。你就坐在我的马上，裹在我的外套里来吧。"这个人只是出于道德的要求，迫不得已而为之的。

第四个过路的人是受害者的一对仇人。他们给了受害者一件长衫，说："我们可以把你带到能帮你的地方去。但并不是我们宽恕你，而是因为你遭到了不幸。"受害者拒绝了他们的帮助。

最后，第五个过路人走来，发现受害者后立刻放下自己肩上的重担。他主动地说："你受伤了，趴在我的背上吧，我会把你带到村庄里去。"受害者问："那你的担子怎么办？"过路人说："我只知道你需要帮助，我有义务帮助你。"只有这第五个人完全忘记了自己，像是本能成了他行动的动机。这种出于自然本性的道德行为才是美的行为。因为它是精神与现象上自由的行为。

在《判断力批判》中，康德提出了一个观点："当自然显得像是艺术时，自然是美的；当艺术显得像自然时，艺术是美的。"席勒认为，这个观点只有按照他的理论才能得到解释。这一观点是把技艺当作自然美的本质要求，并把自由当作艺术美的本质条件。但是，因为艺术美本身已经包含着技艺的观念，而自然美本身已经包含着自由的观念。所以，康德自己会承认，美不是别的，而是技艺中的自然（自律），合乎艺术的自由。每一位读者都会发现，其实我们平时正是这样说的：当我们面对自然美时，我们会说"真是风景如画"；而当我们面对艺术美时，我们会说"真是巧夺天工"。

《论秀美与尊严》（*Über Anmuth und Würde*）

康德把探索与认识"头上的星空"和"心中的道德律令"作为自己批判哲学的使命。而席勒是从美与人的关系入手，思考自然如何向人生成。从人的动物性到人的理性，从感性的必然性（自然）到精神王国的自由之间与人的美有什么关系。他所说的秀美实际上是指人格美，即区别于形体美的人的内在气质所表现的美。

席勒在《论秀美与尊严》一文中指出，对古希腊人来说，一切美和完善都包含在人性中。在感性中，他总是看到精神的表现，而对他人的感觉来说，要把粗野的动物性同理智分开简直是不可能的。正如他把每一种思想马上形象化为形体和力图体现最崇高的精神，他要求人的本能的每一个行动都表达道德的规定。这里体现了一种感性和理性的统一。

对于希腊人来说，自然不仅仅是自然，因而他们乐于尊重自然；理性也不仅仅是理性，因而他们愿意置于理性的标准之下。自然和道德、物质和精神、大地和天空，以令人惊异的美汇入他们的诗篇。他们把仅存于奥林匹斯山（神话王国）的自由引入人的感性世界，因而人们也把感性注入了奥林匹斯山上。

在文章的开篇，席勒举了一段古希腊神话的例子。美神阿芙洛狄忒（维纳斯）有条腰带，这条腰带能让佩戴它的人分享秀美和妩媚，由此而得到爱情。天后朱诺为了在月亮最圆的时候（望月）迷住天帝朱庇特，也得从维纳斯那里借来这条腰带。这就是说，美与秀美不同，后者更增添了妩媚诱人的魅力。那么秀美究竟是什么？感觉敏锐的古希腊人很早就发现了这种理性还不能分辨的东西，要说明这一点只能从想象力那里借来这一形象，因为他们在理智上还不能提供这种概念。

如果妩媚诱人的腰带仅仅表现毫不改变主体的自然本性而可同主体分开的客观属性，那么它可能只标记着运动的美。因为运动是在不破坏对象的同一性时对象所可能发生的唯一变化。

运动的美是符合上面所引神话的两项要求的概念。第一，它是对象本身所固有的；第二，它是对象本身某种偶然的东西，即使我们把这种属性与对象分开思考，对象也仍然存在。

席勒把仅仅由自然按照必然性法则创造的美，称为构造或结构的美（形体美），它是依据自然力量创造出来的，并为自然力量所规定。如身体的匀称、轮廓线条的柔和平滑、皮肤的柔软细腻、体态的端正、声音的悦耳等。

而秀美却是一种不由自然赋予而从主体本身中迸发出来的美。精神不是运动的原则，精神中就有运动美的根据。秀美是受精神自由所影响的形体的美，是人格所规定的那些现象的美。结构的美给自然的创造者带来荣誉，而秀美则给它的拥有者带来荣誉。前者是人的一种先天禀赋，而后者则是自身修养的结果。

　　秀美只适应于运动，因为性情中的变化只能作为感性世界中的运动显示出来。但是这并不是说，秀美不可能表现出固定和静止的特性。这些固定的特性可以来自运动，由于这些运动不断地重复最终成了习惯，留下经久不变的痕迹。例如在酣睡者的脸上，我们仍然能看出令人愉快而温柔的性情所暗示的特征。

　　尽管根据人的谈话可以断定，他所想的是什么；然而他实际上在想什么，则需要根据他说话时发生的面部表情或姿态，即根据他的不随意运动来推测。秀美应该体现它的自然本性，即由某种不随意的运动表现出来。

　　一个富有道德感的人具有一颗美的心灵，其中感性与理性、义务和爱好是和谐相处的，秀美就是美的心灵在现象中的表现。结构美能引起喜悦、赞叹和惊异，而只有秀美才会令人神往。美有崇拜者，唯有秀美才有迷恋者。

　　总之，秀美是美的心灵的表现，而尊严是崇高思想的表现。由于秀美，尊严才得以证实；由于尊严，秀美才获得价值。

《论崇高》（*Über das Erhabene*）

　　崇高作为一种美学范畴，早在古罗马时代就由朗基奴斯提出。到了 18 世纪，英国美学家博克认为，崇高的对象具有令人恐怖的性质，崇高感是与人的自我保存本能相关联，因此，它与美是完全不同的。到了康德那里，虽然他指出美与崇高有关联，但主要还是谈两者的区别。他认为崇高的观念要和自然界的合目的性完全区分开来。

与上述观点不同，席勒认为美和崇高的共同本质都涉及自由。在有客体的表象时，我们的感性本性感到自身所受的限制，而理性本性却感觉到自己的超越，感觉到自己摆脱任何限制的自由。这时我们把审美客体叫作"崇高的"。

崇高的对象，首先迫使我们作为自然本质感觉到我们的依赖性。这里涉及两种基本本能：一种是改变我们的状态、表现出我们的存在的本能，这种本能可以叫"表象本能"；另一种是保持我们的状态不变和继续我们的存在的本能，这种本能可以叫"自我保存本能"。表象本能趋向于认识，自我保存本能趋向于对存在的内在感知。

席勒将崇高分为理论的崇高和实践的崇高。一个对象，如果它本身具有无限性概念，人的想象力感到自己不能胜任去表现无限性的重任，这就是理论的崇高；一个对象，如果它本身具有危险性概念，我们的肉体力量感到自己不能克服这一危险性，这就是实践的崇高。风平浪静的大海是理论的崇高，而波涛汹涌的大海则是实践的崇高；一座巨大的高塔或高山可能是认识的崇高，当它俯身往下对着我们，它就变成信念的崇高。

理论的崇高与表象本能相矛盾，实践的崇高与自我保存本能相矛盾。前者面对的是一个无限的对象，而后者面对的是一个可怕的对象。可怕的对象比无限的对象更有力地抓住我们的感性本性，由此使理性的优越性和精神的内在自由变得更突出。所以实践的崇高在感觉程度上比理论的崇高大得多。

崇高的客体虽然必须是可怕的，但不应该引起真正的恐惧。恐惧是痛苦和暴力引发的一种状态。只有在自由的观照中并通过内在活动的感觉，崇高才能令人欢喜。当可怕的对象让我们看到它的威力，但它并不对准我们；当我们知道在同一对象面前我们是安全的，我们才有审美的兴致。

因此，可怕的对象只是观念的存在，只要它是生动直观的，就使自我保存本能活动起来。这时一种战栗抓住我们，一种恐惧的情感活动起来，我们的感性被惊扰，而理性必须在它的自由的理念中寻求它的避难所。这就是说，要使可怕的东西令我们欢喜，我们必须处在安全状态中。例如，人们从高大和坚固的栅栏后面观看巨大的深渊，或从高处看怒吼的大海。

战胜可怕的东西的人是伟大的，即使自己失败也不害怕的人是崇高的。当普罗米修斯被锁在高加索的峭崖上，不为他的行为而懊悔也不承认他偷天火给人类是错误的，那么他是崇高的。

人在幸福中可能表现为"伟大的"，仅仅在不幸中才表现为"崇高的"。

假如没有美，我们的自然使命和理性使命之间就会有不断的争斗。假如力求满足我们的精神使命，就会忽视自己的人性，而准备脱离感性世界。假如没有崇高，美就会迫使我们忘记自己的尊严。被接连不断的快感弄得虚弱不堪，就会丧失性格的朝气，从而忘掉自己的永恒使命，也就无法成为道德的人。

五、荣归故里

1792 年 9 月，席勒的母亲带着她最小的女儿——15 岁的南内特——从符腾堡来到了耶拿。这是分别十年后席勒母子的首次团聚，她们在这里住了一个月。1792 年底到 1793 年初的那个冬天，席勒又病得非常厉害，整个冬天的户外活动几乎不超过五次。春天，他们从席勒婚前单身居住的施拉姆公寓，搬到了市外一座花园小屋。席勒的姐姐克里斯托芬娜也来看望了席勒。

这段亲人团聚的日子和安定的家庭生活，使饱受疾病折磨的席勒就像一个囚犯终于又见到阳光一样。目睹了席勒这一段生活的一个朋友给克尔纳写信说："席勒已经有很长时间没有感到如此舒服了，他终于又可以早睡早起了，这对他的身体很有好处。"

席勒的妻子一段时间以来一直身体不适，后来才知道是怀孕了。这使 32 岁的席勒喜出望外。由于在这里缺乏照料的人手，他们想回到故乡去生产。按席勒的说法，这也是给正在孕育的儿子或女儿创造一个比图林根更好的祖国。

在准备旅行的过程中可以看出，席勒是多么书生气而不懂世故流俗。一些搬运行李的人或车夫，他们的奸猾、刁难和粗鲁对席勒不起任何作用，因为他根本无法理解这一切。他根本想不到他们竟然会勒索钱财。在他眼里，这些人都是好心肠，教他应当如何安排行程和装运行李。每次他们为了钱制造新的麻烦时，席勒总会热心地提出上百个相反的建议，但弄得他们灰溜溜地跑回家。他们又会卷土重来制造新的麻烦，而席勒仍以相同的方式把他们打发回去。

1793 年 8 月初，席勒夫妇回到了施瓦本。出于谨慎，他们首先在海尔布隆作短暂停留。因为这里当时是德意志帝国的直辖市，在卡尔大公的管辖范围之外。席勒给卡尔·欧根大公写了一封信，请求宽恕，以防像自由诗人舒巴特那样被大公逮捕入狱。他没有得到直接的答复，倒是朋友们向他保证，大公对当年逃亡者会采取不理睬的态度。

回到路德维希堡，昔日的都城如今已经显得破落荒芜，了无生气。儿时的热闹喧嚣和富丽堂皇不见了踪影。在当地的高级中学，他碰到了当年的老师。于是老师请这位耶拿大学教授给中学生讲一课。后来学生们在街上遇到他，便吵嚷道："席勒先生，再给我们上一堂历史课吧！"而与一些留在当地的老友相会，却发现他们已经沦落得粗俗而狭隘了。

9月14日，他们的第一个儿子卡尔·弗利德里希降生了。由于旅途的颠簸，出生日期比预产期早。席勒兴奋地给《南德意志文学汇报》的发行人报喜："我最亲爱的朋友，我要给您看我最新的产品，不过不是为了让您报纸的哲学版给他扬名，而是为了让您和我一道分享喜悦。我做父亲已经五天了，儿子健康活泼。他是我的处女作，我对他怀有不尽的欢喜。"

席勒回到了他昔日的军校。当他走进校园，出现在宽敞的会堂时，四百名住校生激动不已，用潮水般的欢呼迎接他。在校监和军官的陪同下，他在每张餐桌前停住脚步，慈祥地接受人们的祝颂。已故卡尔大公的儿子们以这种方式弥补了父亲的过错，使诗人重返故里成了他们赎罪的盛典。

全家人又欢聚在一起了。席勒给宝贝儿子举行了命名仪式，为父亲席勒上尉庆祝七十寿辰。席勒夫妇在家乡待了九个月时间，之后返回了耶拿。

家乡的朋友们发现，激情澎湃的年轻席勒变成了一个成熟的、完美的、有思想的人。用洪堡的话来说就是，他的"精神状态"完成了它的成长过程。在他身上人们可以看到一种沉静和宽容，这表明他恢复了自信，已经预见到自己将完成自身的审美教育，新的创造力在他的内心跃动。

第7章

提出美育思想

> 有促进健康的教育，有促进认识的教育，有促进
> 道德的教育，还有促进鉴赏力和美的教育。这最后一
> 种教育的目的在于，培养我们的感性和精神力量的整
> 体达到尽可能和谐。
>
> ——席勒

席勒是从康德哲学入手研究美学的。他对康德哲学中的有
些观点持有不同的看法，他首先不赞同把现象界与物自体分割
开来的不可知论。在道德哲学上，康德提出作为实现"至善"
的必要前提的"实践理性的公设"，是意志自由、灵魂不死和
上帝存在。席勒认为，康德的哲学宗教学说是用哲学论证来充
当宗教的辩护士，这是对愚蠢的腐朽建筑加以修补而已。他首
先要克服康德对美的概念界定中的主观性，为美建立一个客观
的基础。另外，他把人的心理功能看作一个有机联系的整体，
他希望通过感性与理性的和谐统一来实现人性的升华，通过审
美教育来解决社会问题，实现人的自由和解放。

席勒将这一研究成果以书信的方式寄给了他的丹麦赞助
人奥古斯腾堡公爵。原稿于 1794 年在哥本哈根宫中被焚，只

保留了部分抄本。席勒又对原稿重新加工或改写，发表于 1795 年的《时序女神》杂志上，即《美育书简》（*Über die ästhetische Erziehung des Menschen*）。

一、美育问题的提出

18 世纪 90 年代，正值法国大革命如火如荼的岁月，法国资产阶级正以革命的暴力推翻封建王朝的统治。时代现状迫切要求哲学探讨精神去建立政治自由的时候，席勒却要为审美的世界物色一部法典，这是否不合时宜呢？

席勒坦言：哲学家和世人都期待地注视着政治舞台，人们相信目前人类的最后命运将在那里审议，任何探讨如果脱离了这一重大事件，都会被指责为对社会利益的漠不关心。但是席勒认为：为了在经验中解决政治问题，必须通过审美教育的途径。因为正是通过美，人们才可以达到自由。所以要把美的问题放在政治自由问题之前来加以探讨。

他认为，现时代人们的物质欲求占了统治地位，利益成了时代的伟大偶像，一切力量都要服侍它，一切天才都要拜倒在它的脚下。事件的进程使时代的创造精神朝着越来越远离理想艺术的方向发展。艺术必须摆脱现实的羁绊，以加倍的勇气越出欲求的影响。因为艺术是自由的女儿，它只能从精神的必然性而不能从物质的欲求领受指示。

人是自然界的产物，但是自然界对人的作用，还不能使人本身按自由理智而行动。然而人所以是人，正由于他不停留在单纯由自然界所造成的样子。人是具有理性的动物，他有能力通过理性从物质的必然性提高到道德的必然性。

作为社会的人，他总是处于一定的国家组织之中。在人能按照理性法则去建立国家之前，人会受需要的强制，按照单纯的自然规律建立起国家。这种国家只是由其自然规律性产生的，并且只在这一点上才是合理的。这种国家对于道德的人来说，他是不会满意的，这对他无异于灾难！他有权利去摆脱盲目必然性的统治。席勒以性爱的发展为例说明，性的需要是人的自然本能，但是人的道德性使性爱摆脱了动物本能的卑俗特性，通过审美情感而使性爱高尚化了。

这种自然的（封建专制的）国家正像每一种政治实体那样，它的建立最初是基于物质实力，而不是基于理性法则，所以这种自然的国家是与道德的人相矛盾的，它只适合于自然的人。自然的人是现实存在的，而道德的人还未能形成，所以理性要以它自己的国家取代自然的国家，就要把现实的自然的人变为道德的人，它要用可能的理想社会取代现实的社会。

席勒从历史哲学的角度论述了人的本性的发展过程，说明人的理性本质只能是历史发展的结果，动物性生存是人性产生所必经的一种自然阶段。如果理性对人的期盼过高，为了人性的完美甚至剥夺了人作为动物本能的生存手段，那也就等于剥夺了他的人性存在的条件。为了在观念中建成道德的社会，现时代物质的社会就一刻也不能中断，为了人的尊严，不允许把人的生存推到危险的境地。

我们必须寻找使社会持续发展下去的一种支柱，而这种支柱并不依存于我们所要废除的自然国家。这种支柱不会在人的自然性格中找到，因为自私和残暴只会破坏社会。这种支柱也不能到人的道德性格中去寻找，因为它还尚未形成而无法确定。重要的是由这两种性格中产生出第三种性格，即使人接受理性的启蒙，由道德的性格中分离出自由，使人的意志服从道德律令。或者说，使自然的性格与法则相一致，使道德的性格与感官感受性相关联。

二、如何按道德原则改造国家

只有第三种性格在一个民族中占优势，才能完成按道德原则对国家的改造。在理想的人性中，物质必然性与道德必然性是一致的，他能通过欲望达到这种行为方式，产生一种道德性格。因此要适应于道德的普遍立法，就要使人的欲望和他的理性达到一致，使义务和爱好两种推动力作用相等。

按费希特的观点说，世界是由自我和非我构成的。自我即人的主体，而非我影响经验自我意识的受动能力就是感性。因此人是感性与理性的结合体。作为有限的自我要与绝对自我（纯粹自我）相统一，即个体与社会相统一。但是，经验自我受非我的影响却具有多样性，只有通过文化教养才能达到这种一致。

人是理性与感性相结合的整体，不能只考虑满足理性的要求而无视感性存在。理性要求统一，但自然要求多样性，所以人需要有这两种立法。当自然在社会的道德建设中力图保持它的多样性时，也不可破坏道德的统一。

对于理性取得胜利的那种国家形式，无论扼杀了多样性的单调或者赞成个性张扬的混乱，都是不可取的。这样，在有能力和资格把强制的国家转变成自由的国家的民族中，人才会找到性格的完整性。

席勒把审视的目光转向现时代中人的性格状况。他说，封建专制的国家建筑摇摇欲坠了，它的腐朽的基础在倒塌。人们已经从长期的麻木不仁和自我欺骗中觉醒过来，不仅要求恢复自己不可丧失的权利，并且起来用暴力取得他们认为是被无理剥夺了的东西。现在应该让法律登上王座，把人最终当作自身的目的来尊崇，使真正的自由成为政治结合的基础。

现在这种物质可能性已经存在，但缺乏道德上的可能性。现时代的人存在两种极端的性格堕落：一方面是野蛮，另一方面是萎靡不振。在下层阶级中，表现出粗野的无法无天的冲动；另一方面有教养的阶级表现出懒散和腐化。其根源正是文化本身造成的。

这里一方面反映了席勒在法国大革命风暴面前的动摇和误解，另一方面也在一定程度上反映出资产阶级革命的狭隘性和局限性。

席勒认为在那一时代，人的性格成了文化的牺牲品。相比较而言，古希腊人身上体现了人性的完美和整体性特征。他们既有丰满的形式，又有丰富的内容；既能从事哲学思考，又能进行艺术创作。在古希腊精神力量的觉醒中，感性和理性还没有严格区分成相互敌对又界限分明的不同领域。希腊人所获得的教养形式来自把一切联合起来的自然本性，而现代人所获得的教养形式却是来自把一切分离开来的知性（指当时资产阶级的知性启蒙）。

正是文化本身给现时代人性造成了这种创伤。只要一方面经验的积累和思维的明晰化使科学不断分化，另一方面国家机构的复杂化使等级和职业的区分更细密，那么人的本性的内在纽带也就断裂了。国家与教会、法律与习俗分裂开来，享受与劳动脱节，手段与目的脱节，努力与报酬脱节。人永远被束缚在整体中的一个孤零零的断片上，人也就把自己变成了断片。国家和它的公民始终敌对，所以他们对国家不会有任何感情。

就整个历史进程而论，要发展人的多种素质，除了使他们相互对立之外，别无他法。各种能力的分割和对立是文化教养的重要手段，但也只是手段。因为只要存在这种对立，人就只是处于通向文化教养的途中。片面地训练这些能力，当然不可避免地会导致个体的谬误，但能够使整个人类发现真理。

无论这种片面的分隔式的能力培养给整个世界带来多大好处，对个人来说却要蒙受痛苦。个别精神能力的紧张活动可以培养特殊人才，但只有精神能力的协调发展才能造就幸福和完美的人生。

三、美的教养与性格的高尚化

人们不可能期待国家来恢复人的本性的完整性，因为现时的国家正是造成人性分裂的祸首。而理性所设想的国家只能建立在更好的人性基础上。现时代远没有为我们提供从道德上改善国家的需要的那种人性形式。只有人的内心不再分裂且人性得到充分发展，人才能成为理想政治的设计师。

时代性格的振作不是一个世纪就能完成的。旧有的原则依然存在，它却穿上了时代的服装，哲学借用了教会的名义进行以前教会的压迫。人的自由被剥夺是由于人性的软弱，人们对管制的反叛是基于人性的尊严。盲目力量最后成了人间事物的强大统治者。

当理性找到并提出法则时，它便完成了它所能胜任的事业。其后勇敢的意志和活跃的情感必须去执行这一任务，因为只有欲望才是感性世界中仅有的能动力量。如果说真理到现在还不能证明它有决胜的力量，那么问题不在认识上，而是在仍然对真理关闭的心灵和没有去为真理行动的欲望上。

要敢于做贤明的人，就要有勇气和魄力去克服自然的惰性和心灵的怯懦为教养所设置的障碍。多数人在困苦的斗争中感到疲惫而不能振作起来。如果逃避思维的艰苦，就会满足于让别人替自己思考；如果只屈从于需求而不要真理的光芒，就会陷入迷惘。

重视知性启蒙对性格的影响是不够的，这种启蒙要从性格出发，时代最紧迫的任务是培养人的感受能力，因为它不仅是洞察力作用于生活的手段，而且它本身就会改善洞察力。

如果说理论教养应该推动实践教养，而实践教养又是理论教养的前提，这不是构成了一个循环？政治领域的一切改善都应来自性格的高尚化，但在一种野蛮的国家制度下，人的性格怎么能高尚化？

为此，我们要寻求一种国家没有为我们提供的工具，这种工具便是美的艺术。艺术和科学一样，都摆脱了一切独断和偏见所产生的东西。政治立法者可以封闭这两个领域，但不能在这两个领域中支配一切。他可以驱逐真理的探索者，但真理永在；他可以侮辱艺术家，但无法伪造艺术。因此，没有什么东西比科学和艺术更忠于时代精神了。

艺术家怎样在包围他的时代的堕落面前保护自己呢？那就要蔑视时下的判断，致力于由可能性与必然性的结合中产生出理想。如果你通过教育把时代的思想提高到必然和永恒，如果你通过行动或形象创造把必然和永恒的事物转化为时代欲求的对象，那么你就给世界指出了方向。

应该摆脱现实的不良干扰，确立高远的理想。要从人性发展的真正需要着眼，不屈从于世人的好恶；而在行动中要从实际出发，以理想的目标引导人。

我们的时代正游荡在两条歧途上，或者成为粗野的牺牲品，或者成为懒散和堕落的殉葬品。我们应该通过美把人由这两条歧途引向正路。美的教养能同时对付这两种弊端吗？

发达的美感可以改良习俗。经过教养的鉴赏力通常是同知性的明晰、情感的活跃、思想的自由以及行为的庄重连接在一起的，而缺乏教养的人则与此相反。

缺乏形式感的人把演说用词的优美视为笼络，把交往中的高雅视为虚假，把行为中的周详和大度视为言过其实和装模作样。

针对各种否定艺术和审美的积极作用的观点，席勒指出：人们几乎在每一个艺术繁荣、鉴赏力支配一切的历史阶段都会发现人性的堕落，但也可以举出并非个别的例证，说明在任何一个民族中审美教养的发展高度和极大普遍性与政治的自由、公民的道德、美的习俗与善的习俗、行为的优雅与行为的率真都是携手并进的。

至于审美教育是否是以牺牲性格潜力为代价——这种潜力正是人身上所有伟大和卓越的最有效原动力，它的缺乏是任何巨大优点都无法补偿的——关系到如何理解美的概念。下面将从人的感性与理性能力中逐步推论出来。

四、美的概念阐释

感性与理性

在人身上可以区分出一种持久的东西和一种经常变动的东西，前者称为人格，后者称为状态。状态在人格的不变中变化，人格在状态的变化中不变。人是一种有限的存在物。作为主体，我们有感觉、思维和欲望，因为在我们之外还存在别的东西。主体与客体，即自我与非我。

由此，在人身上产生了两种相反的要求，它们是感性本性和理性本性的两种基本法则。感性本性要求绝对的实在性，即把一切只是形式（理性）的东西转化成世界，使人的一切素质表现出来；理性本性要求有绝对的形式性（理性秩序），它要把只是世界的存在消融在人的自身之内，使人的一切变化处于和谐中。

为了把我们自身之内的必然（理性）的东西转化为现实，并使我们自身之外的现实服从必然性的规律，我们受到两种相反力量的驱使，我们把它们统称为"冲动"。

感性冲动产生于他的感性本性。它把人置于时间的范围之内，成为受自然规则制约的感性世界的一部分。在只有感性冲动起作用的地方，就必然存在最大的局限。在感觉的支配下他的人格化就被取消了，成为脱离了自我的非我状态。

形式冲动产生于人的绝对存在或理性本性，致力于使人达到自由，使人的不同表现处于和谐中。

感性冲动使人具有感受功能，把人与世界连接在一起。人的感受面越大、感受性越敏捷，人就可以越多地把握世界，并在自身越多地发展人的素质。形式冲动使人具有确定功能，在抵御变化中保持最大的独立性和内在性。人格获得的力量和深度越大，理性获得的自由越多，人就可以更多地理解世界并在自身之外创造更多形式。只有二者的结合，人才会兼有最丰满的存在和最高度的独立和自由。

感受性过度对人的思维和行动产生的不良影响是有目共睹的，理智性过度对人的认识和行为产生的不良影响则不易为人觉察。如自然科学发展缓慢的原因之一，就是对目的论的偏好。在理论建构中应用目的论，就会把确定功能强加给感受功能。我们在自然界中只寻找我们强加给它的东西，就使自然失去了多样性。

如果感性冲动变成确定功能，那么感官就成了立法者，世界便压抑着人格，世界就不再是对象而成了支配力量。

上述两种冲动是相互作用的。一种冲动的作用同时就奠定和区分了另一种冲动的作用。人的人性概念就其本义来说是无限的，人只能在实践过程中不断接近它，却永远不能达到。也就是说，理想的人等同于神，这就是费希特绝对自我的概念。如果人只孤立地满足两种冲动中的某一种，他就不会成为充分意义的人。

当两种冲动同时起作用时，在人的身上就会唤起一种新的冲动，这种新的冲动称为游戏冲动。感性冲动要求被规定，它要接受自己的对象。形式冲动要求由自己规定，它要产生自己的对象。游戏冲动则致力于像它自己所产生的那样来接受，并像人的感官所接受的那样来产生。

感性冲动由自己的主体中排除了一切自主性和自由，形式冲动由它自身排除了一切依从性和受动，自由的排除是物质的必然性，受动的排除是道德的必然性。这两种冲动都强制心灵，而在游戏冲动中这两种冲动作用的结合扬弃了一切偶然性，从而也就扬弃了一切强制，使人在物质和道德方面都达到自由。

举例来说，当我们怀着情欲去拥抱一个我们理应鄙视的人时，我们就痛苦地感到自然本性的强制。当我们敌视一个值得我们尊敬的人时，我们就痛苦地感到理性的强制。如果一个人既能引起我们的喜爱，又能博得我们的尊敬，那么感情和理性的压力同时消失了。爱正是一种自由的情感，也就是让爱慕与尊敬一起游戏。

美是活的形象

感性冲动的对象是最广义的生活，即全部物质存在及一切呈现于感官的东西。形式冲动的对象是形象，即事物的一切形式特性以及它与各种思维能力的关系。游戏冲动的对象是活的形象，即现象的一切审美性质或最广义的美。

一个人尽管有生命和形象，却不因此就是活的形象。要成为活的形象，就需要他的形象就是生活，而他的生活就是形象。生活与形象的统一体现了事物内容与形式的统一，这时充满生活内容的形象或取得形象的生活内容都可以称为美。

在形式冲动与感性冲动之间存在某种联系，它就是游戏冲动。因为只有实在与形式的统一、偶然性与必然性的统一、受动与自由的统一才完成了人性的概念。美体现了人性的完善。

这个游戏概念不同于现实生活中流行的那种游戏，那只是针对某种物质对象的。因此，只有当人在充分意义上是人的时候，他才游戏；只有当人游戏的时候，他才是完整的人。

美是从两种对立冲动的相互作用中，从两种对立原则的结合中产生出来的，所以美的最高理想要在实在与形式的尽可能完美的结合与平衡中去寻找。这种平衡永远只是一种理想，它在现实中绝不可能完全达到。

这两种冲动的相互作用可以形成松弛和紧张两种不同作用的美。松弛的作用可以使感性冲动和形式冲动安分守己；紧张的作用可以使两种冲动都保持其力量。理想的美，尽管是不可分割的和单一的，但在不同的关系中却显示出融合性和振奋性。

然而，在经验中却存在一种融合性的美（优美）和一种振奋性的美（崇高）。对于在感性与理性两方面都受到强制的人需要融合性的美，因为在他对优美与和谐开始敏感之前，已为伟大和力量所激励。对于沉醉在审美趣味中的人需要振奋性的美，因为他在有教养状态中很容易失去由粗野状态所带来的力量。

人性的偏颇只会产生以下两种相互对立的倾向：或者由于各种力量的片面运用而破坏人的本质和谐；或者人的本性的统一是建立在感性与精神力量的衰退之上。前者使人处于紧张状态，后者使人处于松弛状态。这两种倾向都可以依靠美的作用来消除，使紧张的人恢复和谐，使松弛的人恢复精力，从而使人成为自身完美的整体。

融合性的美适合于紧张的人，而振奋性的美则适合于松弛的人。所谓紧张的人，是指被两种基本冲动所支配，既受感受性的强制，又受精神的强制，从而失去自由。融合性的美表现出两种不同的形态：首先作为安详的形式使粗野的生活缓和下来，并为从感觉到思维的转化开辟道路；其次作为活的形象，以感性力量装备起抽象的（观念）形式，使（理性）概念回到（感性）直观，使法则回到情感。融合性的美对自然人产生前一种作用，对有教养的人产生后一种作用。

通过美可以把感性的人引向形式（理性秩序）和思维，通过美可以使精神（理性）的人回到素材（物质现实）和感性世界。

由此似乎可以得出结论，在素材（感性现实）与形式（理性秩序）以及受动（感受性）与能动（创造性）之间存在一种中间状态，美使我们处于这一中间状态。但是感觉与思维、感受性和创造性、感性与理性之间的距离是无限的，似乎没有什么东西能成为它们的中介。美学的问题就在这一点上，我们能满意地解决这个问题，我们就有了穿越美学迷宫的路线。

哲学界对美的概念的争论，其根源在于或者没有从应有的严格区分开始，或者没有使这一探讨达到完全而纯粹的结合。前者从感受经验出发，没有对感官印象作出区分；后者从美的整体中只看到各个部分，不知物质与精神是如何统一的。

前者没有考虑到，把美的本质规定为自由。自由并不是无视规律性，而是与规律相和谐；不是随意性，而是最大的内在必然性。后者没有考虑到，他们同样有理由要求美具有确定性，这种确定性不在于排除某些实在，而在于绝对地包括一切实在，因此它不是限制，而是无限性。

在感性、知性和理性的不同阶段上，人的认识能力呈现出综合—分解—综合的特性。因此，感性阶段的人比知性阶段更接近真理。所以，感觉论的美学家往往比处于知性阶段的美学家更接近真理。

美是我们的第二造物主

人作为一种物质的和精神的存在物，他自身的物质（包括感官和头脑等）构成了精神发展的前提。人的发展就是人的规定。人身上可以区分出被动的和主动的可规定性，从而形成被动的或主动的可规定性两种不同的状态。

如果认为美开辟了使人由感觉转变到思维的道路，但绝不能认为通过美可以填平感觉与思维、受动与能动之间的鸿沟。若没有一种新的独立能力的中介，个别就永远不会形成普遍，偶然就绝不会形成必然。思维便是这种绝对能力的直接活动，这种能力虽然是通过感官引起并外化出来，但它的外化很少依赖感性，而是以与感性的对比表现出来。所以美可以称为一种手段，使人由素材（感性现实）达到形式（理性秩序），由感受达到规律，由有限存在达到绝对存在（理想人性或神性）。

在审美过程中的精神活动，通过人的受动（感受性）过程起作用，只是它在接受了素材时才活动和形成。因此，这种精神把追求形式（理性秩序）和追求绝对（理想或理性）的冲动与追求素材和追求限制（被规定）的冲动结合了起来。

只要这两种相反的基本冲动在人身上活动起来，就会失去它们的强制而由两种必然性的对立中产生出自由。这种自由是建立在感性和理性基础上的。

人是从单纯的生命开始的。感性冲动的作用是先于理性冲动的，因为感觉是走在意识之前的，正是在这种感性冲动于先的过程中，我们开辟了人的自由的全部历史。

心灵由感觉到思维的转变要经过一个中间状态。在这一过程中，感性和理性同时起作用，这正是由于它们相互扬弃了它们规定的力量，并通过它们的对立产生出一种否定。在此精神既不受物质的强制也不受道德的强制，并以两种方式活动，所以这可以称为自由心境，这种能动的状态便是审美状态。

在现象界的一切事物中存在四种不同的关系：一种涉及人的感性状态即人的生存和健康，这是一种自然属性；一种涉及知性为我们提供知识，这是一种逻辑属性；一种涉及人的意志，这是一种道德属性；一种涉及人的各种能力的整体，这是一种审美属性。因此，有促进健康的教育（体育），有促进道德的教育（德育），有促进认知的教育（智育），还有促进鉴赏力和美的教育（美育）。这最后一种教育的目的是培养我们感性和精神力量的整体达到尽可能和谐。

美和它所产生的心境在知识和志向方面是完全无足轻重的，并不产生任何成果。因为美无论在知性还是意志方面完全不会给人以任何结果。它既不能实现智力目的，也不能实现道德目的；它不会发现任何真理，丝毫无助于我们完成任何义务。它只能使人恢复由本性即由自己本身所完成的东西——人所应有的存在自由。

在感觉中由于自然的片面强制以及在思维中由于理性的全

面立法，恰恰是剥夺了人身上的这种自由，所以，我们应该把使人处于审美心境的能力看作一切馈赠中最高贵的礼品，是人性的馈赠。

大自然是我们原来的造物主，而美则是我们的第二造物主。这不仅从诗的角度来说是允许的，而且从哲学上看也是恰当的。当然美只是使人性成为我们的可能，而我们想使人性在什么程度上成为现实，则要取决于我们的自由意志了。

真正的艺术作品使我们所处的心境正是这种，精神高度安详、自由与充满力量和生机相交融的状态，这是最可靠的真正审美品质的试金石。然而在现实生活中，我们不会遇到纯粹的审美作用，因为人绝不能摆脱周围各种力量的制约，所以一部艺术作品的卓越只是在于更加接近那种审美纯洁的理想。

感性的或自然的人是受物质必然性强制的受动的人。审美的人则一方面具有感受性，另一方面又激发了知性（理解力）与想象力的活跃和自由活动，因此是受动与能动的统一，同时也是感性与理性的统一。

教养的最重要任务之一就是使人在其纯粹的自然生活中也受形式的支配，使他在美的王国所及的领域中成为审美的人。因为道德的人只能从审美的人发展而来，不能由自然状态中产生。如果他能够并准备好从自然目的的狭窄圈子提高到理性的目的，他就必须永远在前者支配下的时候准备去适应后者，从某种精神自由，即按照美的规律实现他的自然使命。

要成为审美的人，不仅要摆脱物质必然性的强制，而且要使个人上升到人类，即获得人类的自我意识，从人类的眼光看待事物，从而由有限的存在迈向无限的存在，从依存状态迈向独立和自由，这既是审美的人的特性，也是成为道德的人的前提。

在审美自由中可以体现出某种合规律性与合目的性的特征，使外在形式成为人的内在精神的体现。

五、人类的发展与审美境界

个人或人类的发展可以区分为三个不同的阶段：人在他的物质状态只能承受自然的力量，当进入审美状态他便可摆脱这种力量，而在道德状态中他便能支配这种力量。

那么真正的理性与感性功能有什么不同呢？即使只是为了寻找事物的因果关系，人也必须超越感性，飞跃到纯粹观念的王国，而知性（理解力）永久停留在有限的事物中，永远提出问题而不能达到最终结果。感性除了利益之外不知道其他的目的，除了盲目的偶然性之外不了解其他的原因，所以把利益作为他的行动准则，把偶然性作为世界的统治者。理性却是追求必然性的法则。

道德法则只是禁绝和反对人的感性自私的利益。在他没有把理性的声音看作他真正的自我时，道德法则对他来说就是某种外在的东西，人就会感到理性是给他带上了枷锁，而不是为他开辟了无限的自由。

观照（反思）是人对他周围世界的第一种自由的关系。如果说欲望是直接抓住了它的对象，从而与对象处于同一的关系中，那么观照就是把自己的对象推开一段距离，使其不受贪欲的干扰，从而把它变成自己真正的和不会丧失的财富。

美是自由观照的作品，我们同它一起进入观念世界，然而我们并不像认识真理时那样抛弃感性世界。因为真理是脱离开一切物质材料和偶然的东西得出的纯粹抽象的产物，是不附带任何主观限制的纯粹对象，真理也是不混杂任何感受的纯粹的自主性的东西。

从最高度的抽象也有一条回到感性的道路，因为思想会引起内在的感觉，逻辑和道德相统一的意象会转化成感性上和谐的情感。席勒在这里既区分了审美与科学认识的不同，又说明了理性与感性相互作用的途径。

当我们以认识为快乐的时候，我们就十分严格地把概念和感觉区别开来，把感觉看作某种偶然的东西，忽略了它并不会使认识中断，不会使真理不成其为真理。但是，要把美的观念与感觉能力的联系分开是徒劳的。因此，只是把美的观念看成感觉能力的结果还不够，还应该把它们看作互为因果的。

在人获得审美的快感时，活动和受动之间的交替是无法区分的，不像在享受认识的快乐时过程的推移是可以清楚地意识到。在这一过程中，反思与情感是完全交织在一起的，以至我们认为自己直接感受到形式。

美对我们是一个对象，因为反思是我们感受到美的条件。但是，美同时是我们主体的一种状态，情感是我们获得美的观念的条件。美是形式，我们可以观照它；同时美又是生命，因而我们可以感知它。总之，美既是我们的状态，也是我们的作为。

感官和精神、感受力和创造力得到平衡的发展是人性发展的条件。人性的标志则是对外观的喜悦以及对装饰和游戏的爱好。审美意识的自觉是人性发展达到一定高度的表现，这时人的主体性和人的心理功能可以得到和谐而均衡的发展。

艺术的本质就是外观，因为艺术具有模仿和反映的功能和虚拟性质，所以轻视外观也就是轻视一切美的艺术。

对于对象的判断一涉及实在，它就不是审美的了。纯粹的审美感把活的对象也只能当作纯粹的外观，把现实的东西也只能当作观念的东西来欣赏。例如女性人体美，我们当然同样喜欢甚至更加喜欢活的女性美。但是只要我们更喜欢后者，那么我们就不仅是把她当作独立的外观，而是当作活生生的女性，我们喜欢她不仅是出于纯粹的审美感了，而是会夹杂性的欲念。把活的对象只当作纯粹外观来感受，则需要有更高的审美教养。

追求独立的外观与局限于实在相比，要求人有更大的抽象力、更大的心灵自由、更大的意志潜能。人要达到外观，即获得高度的审美教养，就要经过现实的途径并超越出现实。

人的想象力如同人的身体器官一样，也有它的自由运动和物质游戏。最初只是从各种外在的感性强制下解放出来，还不是一种独立的形象创造力。从这种游戏出发，想象力在它追求自由形式的尝试中，才飞跃到审美的游戏。

力量的国度只能通过自然去驯服自然的方式，使社会成为可能。伦理的国度只能通过使个人意志服从公共意志的方式，使社会在道德上成为必然。只有审美的国度才能使社会成为现实，或者说使社会的理想得以实现。因为它通过个体的本性去实现整体的意志，并使社会达到和谐。

其他形式的观念都使人性分裂，只有美的观念才使人成为整体，因为它把感性与理性协调一致。感官的快乐我们只能通过个体来享受，而不能通过群体来享受，因为我们不能把个体或感官的快乐普遍化。认识的快乐只能作为类的成员来享受，因为在我们的判断中排除了个体的任何痕迹。只有美，当我们同时既作为个体又作为类，也就是作为人类的代表才能享受。

六、美育主题的现代回响

席勒的《美育书简》，在西方美学史上具有突出的地位和意义，它不仅成了从康德美学到黑格尔美学的一个中介和转折点，而且成了从古典美学到马克思美学思想的一座桥梁。它进一步提出了审美现代性的问题。

它是一部美育的历史性宣言，针对现代社会劳动分工造成的人性分裂和异化的现实，从历史的高度提出了确立感性在人性构成中的基础地位和培养全面发展的完美人性的理论。由此突破了从现有资产阶级文化范围内进行人的素质教育的局限，在历史上第一次把德育、智育、体育和美育并列起来并有机地结合在一起。

同时，《美育书简》又是一部美育的法典，席勒从对人性概念的分析中来把握美的本质，从人的需要和活动中来认识人性发展的特性。由此，把审美的境界看作人与自然的和谐统一以及人的感性本质与理性本质的和谐统一，所以美育成为提高人的素质和完善人格，使人类从必然王国向自由王国迈进所不可或缺的手段之一。

最初真正理解和重视席勒《美育书简》的不是歌德，而是黑格尔（G. W. F. Hegel）。歌德说："看到那样一个有卓越才能的人自讨苦吃，在对他无益的哲学研究方面煞费苦心，真叫人惋惜。"而黑格尔却说：席勒的大功劳就在于克服了康德学说的主观性和抽象性，敢于设法超越这些局限，从现实性上来认识感性和理性的统一。"美感教育的目的就是要把欲念、感觉、冲动和情绪修养成本身就是理性的，因此理性、自由和心灵性也就解除了它们的抽象性和它的对立面，即本身经过理性化的自然，统一起来，获得了血和肉。这就是说，美就是理性和感性的统一，而这种统一就是真正的真实。"

马克思和恩格斯所创建的历史唯物主义理论，不仅是对社会历史观的重大变革，也是对人性观的重大变革。马克思正是从人的活动首先是物质生产活动中发现了人性形成和发展的秘密。这为克服席勒美育理论中政治上的空想性质提供了理论依据。

在《1844年经济学哲学手稿》中马克思指出，感性必须是一切科学的基础。科学只有从感性出发才是真正的科学。全部历史都是为了使人成为感性意识的对象，并使人的需要成为感性需要所作的准备。

对于社会分工和劳动造成的异化，马克思和恩格斯在《德意志意识形态》中对异化劳动的根源作了科学的回答。他们指出，劳动异化的根源是生产力的一定发展而又相对发展不足所引起的分工，但生产力的高度发展又将是消除劳动异化、克服人的本质的异化以及实现人的彻底解放的物质前提。

与席勒对社会发展形态的划分不同，马克思在《经济学手稿》（1857～1858）中在不同的物质基础上区别了三种不同的社会形态。最初的社会形态是以人的依靠关系为特征；第二种社会形态是以物的依赖作为基础形成了人的独立性；第三种社会形态是建立在个人全面发展和他们共同的社会生产能力构成的社会整个财富，在这一基础上才能形成自由的个性。这也是实施美育的不同社会历史条件。

在资本主义条件下，人最发达的感觉只是与私有制相适应的占有欲和占有感，它压制了一切其他实际感觉和精神感觉，表现为人的感觉和情感的异化。马克思指出，对私有制的扬弃，则是通过人并且为了人而对人的本质和人的生活、对于对象化了的人和属人的创造物的感性的占有。这样，人就可以用一种全面的方式，即作为一个完整的人，把自己的全面本质据为己有。这一过程便是人向合乎人的本性的人自身的复归，它只能在人类创造的全部文化丰富性的基础上才能实现。马克思正是从这一意义上充分肯定了美育的作用。

第8章

与歌德携手合作

席勒的性格和气质与我完全相反，我同他一起生活了好些年，我们相互的影响达到这种程度，就是在我们意见不一致的时候，也互相理解。然后每人都坚持自己的人格，一直到我们又共同为某种思想和行动而联合起来。

——歌德

一、景仰大师与互生反感

歌德（J. W. von Goethe）比席勒大十岁。他是1749年8月28日出生在美因河畔的法兰克福市。这里是神圣罗马帝国皇帝加冕的地方，因此不属于任何公国，这里的市民一般也具有较强的独立意识。歌德的父亲虽然出身市民，但是花钱买了个只有虚名的皇家参议的头衔。他知识丰富，爱好文艺，生活严谨，家境富裕。父母从小就对歌德实施多方面的教育，聘请各科教师教授他多种外语、绘画、音乐、古代哲学、法学和击剑、骑马等。此外，歌德从小就显示出了他的创作欲望和文学才能。1765 年歌德进莱比锡大学学习法律，1771 年毕业于斯特拉斯堡大学，获法学博士学位。

受赫尔德的影响，歌德开始文艺创作。1773 年发表《铁手骑士葛兹·冯·贝利欣根》。剧中的葛兹是被歌德理想化了的形象，成为反对封建分裂要求国家统一的英雄。由此成为德国"狂飙突进运动"的第一部作品，这一剧本受到广泛欢迎。后来恩格斯说这是歌德"通过戏剧的形式向一个叛逆者表示哀悼和敬意"。接着 1774 年歌德发表了《少年维特之烦恼》，在整个欧洲引起了轰动，就连拿破仑远征埃及时也带着这本书。这本书反映了觉醒的市民知识分子在封建统治重压下的精神苦闷和烦恼。在德国文学史上它第一次用小说的形式，用主要篇幅表现了主人公的精神世界，开启了欧洲浪漫主义的先声。同时歌德还创作了大量的诗歌作品，脍炙人口。

1775 年，歌德应邀来到魏玛。魏玛公国长期由公爵夫人安娜·阿玛丽娅执政，同年 9 月她把权力交给 18 岁的长子卡尔·奥古斯特。歌德在宫廷的主要任务是陪伴年轻的公爵打猎、旅行和游泳等，同年取得魏玛公民权并被聘为枢密顾问。歌德希望通过自己的影响，使大公走上他所预期的道路。恩格斯曾在《诗歌和散文中的德国社会主义》一文中对于歌德的思想和作品所表现的矛盾指出："在他心中经常进行着天才诗人和法兰克福市议员的谨慎儿子、可敬的魏玛枢密顾问之间的斗争。前者厌恶周围环境的鄙俗气，而后者却不得不对这种鄙俗气妥协、迁就。因此，歌德有时非常伟大，有时极为渺小；有时是叛逆的、爱嘲笑的、鄙视世界的天才，有时则是谨小慎微、事事知足、胸襟狭隘的庸人。"

席勒第一次与歌德相遇还是在他军校生活时代。那是 1779 年 12 月 14 日，符腾堡公国大公卡尔·欧根庆祝每年一度的

"少年军校"成立纪念日。这次庆典比以往历次都要隆重，为此邀请了魏玛大公卡尔·奥古斯特，歌德作为枢密顾问也陪同前来。在这次庆典上，席勒作为优秀学员先后三次奉旨登临大公的御座前，接受大公的嘉奖。因此，他先后三次站在了枢密顾问歌德的身旁。当时席勒也很想引起歌德的注意，但是歌德对此完全没有察觉。

1787年，席勒已经在文坛崭露锋芒。7月他曾前往魏玛，原想去结识歌德这位文坛大师，结果去了以后才听说卡尔·奥古斯特大公刚去了荷兰，歌德正在意大利旅行，这使他非常失望。但是在与许多人交谈时，他感到人们都对歌德充满了一种"膜拜"的情绪。

1788年9月7日，席勒未来的妻子夏洛特和她的姐姐卡洛琳娜曾经安排席勒与歌德会面，但是歌德的冷漠和高傲态度使席勒非常反感。后来席勒给克尔纳写信说："以前听人说他的形象很有魅力，而且很好看。但是给我的第一印象不是这样，我对他的崇高期待顿时跌了下来。"他感叹地说："歌德啊歌德，这样的人怎么会让我遇上！""我不喜欢这样的性格，我不希望和这样的人待在一起。"席勒认为歌德是"极端个人主义者"，他对歌德又爱又恨，爱他所具有的伟大精神，又恨他那种自私和自负。而在歌德方面，他后来也承认，"我当时非常讨厌席勒"。他对席勒的长相就不喜欢，更让他反感的是席勒的作品和他由此而获得的巨大成功。他们彼此在思维方式上有一条深不可测的鸿沟。因此两人虽然同在魏玛，但一直没有来往。

二、他们是怎样走到一起的

1794年，席勒与洪堡、费希特和历史学家沃特曼等人一起编辑文艺刊物《时序女神》，需要歌德的支持和稿件。于是，席勒突然给歌德写了一封信，信的语气极其谦恭：

尊贵的先生

尊敬的枢密顾问：

我们几个对您无限敬仰的人提笔书写此函，希望能荣幸地得到您为本杂志的赐稿。我们大家一致认为您的文章拥有崇高的声望和价值。如果尊贵的先生决定用您的行动支持我们的事业，这对杂志的成功将会起到至关重要的作用。如果您愿意支持我们，我们心甘情愿地接受您所有的条件……

谨致以崇高的敬意

您顺从的仆人和真诚的崇拜者

1794 年 6 月 13 日，于耶拿

席勒

信发出以后，歌德很快作出了回应。6 月 24 日歌德复信给席勒，以欣喜万分、非常高兴的心情愿意加入他们的行列，因为"同这么正直的人建立密切的联系肯定能激活在我身上已经陷入停顿的一些东西"。几年来，歌德在文艺创作上陷于半沉寂状态，许多时间都转入了自然科学的研究，所以他正需要有人能给自己以激励和启发。

1794 年 7 月 20 日，自然研究会在耶拿举行报告会。歌德作报告，席勒坐在听众席。报告结束以后，他们两人在走廊偶然相遇，彼此交谈起来。两人谈得十分投机，边走边谈，一直谈到席勒家里，歌德还向席勒演示了植物进化的过程。歌德讲完之后，席勒摇摇头说："这不是经验，这是理念。"席勒的话使歌德感到惊骇，席勒一语道破了他与歌德的分歧。

后来席勒给克尔纳写信说到这次与歌德的长谈，他说：

"在两种观念中，有一种意想不到的一致，因为这种一致是从不同的观点出发得出的，因而就更加有趣。每个人都补充另一个人……我高兴地期待一种对我们十分有益的思想交流。"

接着席勒又给歌德写了一封信，分析了自己的发展和他们两人之间的关系。席勒对歌德的思想方法作了评价，他说："您观察事物的冷静、纯净，从不会误入思辨和任意的想象那样很容易陷入的歧途。您正确的直觉比艰难的分析所达到的结果还要全面和完整。也正由于在您的身上存在着这种全面和完整，所有您自身的财富完全潜藏在您的身上，而我们遗憾地只知道我们的不同之处。"席勒分析了歌德的世界观和思想方法与自己的不同之处："一个是以整体合一为核心的思辨精神，一个是以多样散发为核心的直觉精神，一眼看上去，似乎没有比这更大的分歧了。但是，如果说前者怀着真诚和纯真的态度追寻的是经验，后者凭着自己的自觉和自由的思维能力追寻的是法则，那么两者在追寻的路途中肯定会不期而遇。"

歌德在回信中作出了积极的响应。他说："值我本周祝寿之际，没有任何一样礼物能像您的信那样让我感到如此舒心。您在信中用友好的文笔对我进行了总结，并通过您的关心鼓励我更勤奋、更积极地发挥自己的力量。"歌德也指出了自己的问题："您会发现我身上的一种阴暗和彷徨，虽然我十分清楚这一点，但是我却驾驭不了。"

由席勒的分析可以看出，他们之间的区别在于：歌德重经验，席勒重理念；歌德重现实，席勒重理想；歌德倾向现实主义，席勒倾向理想主义；歌德善于观察，席勒长于思考。他们为了文艺事业的发展终于在求同存异的基础上，开始了长达十年之久（直至席勒去世）的合作。歌德把 1794 年 7 月与席勒的邂逅称作"一个幸福的事件"，"经过这次不期而遇，看来我们要携手漫步了"。接着他邀请席勒来他家小住,因为他有十四天时间没有任何活动,两个人可以朝夕相处充分交流。

三、"赠辞之战"

席勒与歌德合作以后,两人经常相互看望,坐在一起聊天。如果歌德到了耶拿,他会在下午 4 点左右到席勒家中。随便找个位置坐下来,看点什么,画点什么,让 3 岁的小席勒任意摆弄,一直等到男女主人出现。歌德有时从晚上 5 点一直坐到深夜 12 点,甚至 1 点,与席勒海阔天空地闲聊。席勒夫人对于他们的友好关系也感到非常幸福,而且认为这种关系给他们带来了全新的生活享受。

《时序女神》原本是席勒创办的,但由于席勒与歌德结盟,因而这份杂志就成了实现他们俩共同目标的媒介,成了德国古典文学的机关刊物。他们计划在刊物上探讨除了宗教和政治问题之外的所有重大问题,以提高德国的文学水平,使政治上分裂的德国成为一个统一的文化大国。希望能吸引更多的作者和读者,创造出一种有利于高雅文学蓬勃发展的良好氛围。

但是现实的环境使席勒感到忧虑,1795 年 8 月 3 日他给费希特写信说:"再也没有比现在德国的读者与观众的品位更粗俗的了。我的生活的真诚计划,是改变这种低俗的品位,而不是以他们为典范。到目前为止,我还没有做到这一点,那不是因为我选错了手段,而是因为读者与观众习惯于把他们的阅读当作一种极度轻率的事情,在审美方面堕落到难以自拔的地步。"

《时序女神》杂志开始还顺利,能轻而易举地卖出一千份,这在当时能有这样的销量,已经使出版商兴奋不已。过了三个月，杂志销量甚至上升到一千八百份。但是好景不长，席勒虽然拼死拼活地为杂志操劳，一篇又一篇地发表学术论文，但读者的兴趣不在这上面。后来只有卡洛琳娜·封·沃尔措根用笔名发表的一部长篇小说《阿格涅斯·封·利利恩》反而更吸引人。

杂志出版以后也遭到各方的批评。如何找到一种形式活泼、短小精悍、尖锐泼辣的方式来反击社会上的一些反对者呢？一个偶然的机会，歌德读到了古罗马的马尔提阿利斯的"赠辞"，或者称为"警句诗（Xenien）"。他觉得这种形式不错，只有简短的两三句话，可以用来讽刺和抨击各种反对派或社会不良现象。1795 年 12 月，歌德把自己写的十二首赠辞寄给席勒，席勒也完全赞同歌德的意见，并建议把点评的对象扩大开来。很快，两个人就像着了魔似的按照这种方式作起诗来，以至于天天都有警句诗。他们俩相互交换灵感，相互修改，并有意将诗行相互交错，相互组合，以致许多赠辞到现在人们也分不清究竟出自谁的手笔，只能认定是他们两人的共同创作。

由席勒主编的《1797 年艺术年鉴》上发表了歌德和席勒共同拟写的四百一十四首赠辞中的一部分，顿时在社会上引起了轩然大波。这些警句诗并没有指名道姓，人们也不知是在讽刺谁、评论谁，这也引起一些被抨击或讽刺的人的反击，由此，这一年成为"赠辞之战"的一年，这年的艺术年鉴被称为"赠辞年鉴"。

一部分出自席勒之手的赠辞或警句诗，有些并不带有讽刺意味。例如：

青年人扬起千帆航行在大海之上，
老年人乘着破船驶回海港。

（《希望和实现》）

你要认识你自己，就去看别人的举动。

要了解别人，就窥看你自己的心。

（《锁钥》）

在这两首赠辞中，前一首曾被黑格尔在《美学》一书中引用，来说明比喻与象征之间的不同。后一首的哲理说明，人是通过他人来认识和确证自己的，在当代的哲学术语中这叫主体间性或交互主体性。

席勒主编的《时序女神》杂志不久后就停刊了。1798 年 1 月，席勒给歌德写信说："我刚刚正式签署了三位时序女神的死刑判决，请您给死者献上一滴基督虔诚的眼泪，但是我拒收唁电。"

四、"叙事谣曲年"

如果把 1796 年称为赠辞年的话，那么 1797 年则可以称为"叙事谣曲年"。对于"赠辞之战"，当时的主流期刊都颇有微词，连康德都说他们的行为有失体面。席勒的丹麦资助人克里斯蒂安二世甚至对他们这样攻击他人的举动表示愤怒。1796 年 11 月，歌德写信给席勒说："撰写赠辞这一无所顾忌的冒险之举之后，我们必须尽全力致力于伟大的和有价值的创作，把千变万化的性格转化成高尚善良的人物形象，以羞辱我们的所有敌人。"

席勒原来主要从事戏剧创作，那么叙事文学与戏剧文学有什么区别呢？席勒阅读了古希腊索福克勒斯和欧里庇得斯以及文艺复兴时莎士比亚的大量作品，歌德则重读了《荷马史诗》和亚里士多德的《诗学》。两个人经过共同的研究，歌德写成了论文《歌德与席勒论叙事和戏剧文学》。他们认为有必要继承和发扬以《荷马史诗》为代表的古代说唱文学形式。利用叙事谣曲（die Balladen），既可以保持古代说唱文学的特点，又可以表达现代的思想。叙事谣曲是一种古老的诗歌形式，起源于舞曲，公元9世纪的英雄史诗《希尔德布兰特之歌》便属于此类形式，13世纪曾为游吟诗人所运用。

席勒在叙事谣曲的创作中，主要强调情节的戏剧冲突和思想意义，因此，他利用了许多人们较为熟悉的传说和故事作为素材。如《潜水者》是以17世纪《冥府世界》一书记载的14世纪西西里国王命潜水者探海的故事作素材，揭露封建统治者的残暴。诗的开头是国王在发话：

> 有哪位侍童或是骑士，
>
> 敢潜入这座深渊？
>
> 我抛下一只黄金的杯子，
>
> 黑洞立即会把它吞咽。
>
> 谁能把杯子再拿到手，
>
> 他可以留下，归他私有。

一个年轻人接受了挑战，取回了杯子交给了国王，但是国王把杯子又扔进漩流的大海，并对年轻人说，如果能再取回，就封他为骑士，与公主成亲。公主说：别这样，这个游戏太残忍！但是国王不顾公主的求情，又令年轻人跳入急流漩涡的深渊，从此年轻人再也没有回来。

《手套》一诗叙述了在王公贵族们观看斗兽表演时，一位美女故意把一只手套扔到台下的老虎与狮子之间，她要向她求爱的骑士把手套取回，以表示他的诚心。骑士二话没说，跳进斗兽场，取回了手套。当那位美女向他含情脉脉地示意时，骑士却断然拒绝了她的感情，离她而去。骑士的举动表现了作为一个人的尊严。

从1797年5月起，席勒和歌德两人开始了创作叙事谣曲的友谊竞赛。《潜水者》原来没有结尾，歌德则鼓励席勒："我看您还是让您的潜水者尽早淹溺为好。"诗兴一旦大发，两位诗人的创作便一发而不可收。6月，席勒又写出了《手套》和《波吕克拉忒斯的戒指》；7月，《托根堡骑士》脱稿；8月，《伊俾科斯的鹤》落笔；9月，《钢铁厂之行》完稿。歌德也写出了《赫尔曼和多罗泰》《掘宝人》《科林斯的未婚妻》《神与舞女》等。

在这段创作过程中，席勒从歌德那里也学到了一些创作方法。正如席勒所说："您一再帮助我改变从普遍走向个别的倾向，引领我反过来，从个别走向普遍的法则。"这就是歌德在《格言与感想》中所提出的重要创作原理：诗的本质要在特殊中见出一般，它表现为个别的和特殊的东西，并不需要去直接说出一般性真理。席勒在早期创作中也存在那种倾向，即让某个人物直接成为一种观念的传声筒，而不是由形象本身来体现。

在《伊俾科斯的鹤》中，如何通过形象来烘托主题，歌德建议用铺天盖地的一大群而不只是两只鹤，这样容易造成声势，发挥先兆作用。伊俾科斯被凶杀前后飞鹤出现三次，飞鹤成为凶杀的见证，当第三次出现时凶手惊恐万状供认了罪行。对于诗人从个别走向一般的原则，克尔纳也深表赞许，他说："这类诗不要求人们事先了解某些思想，它具有普遍性的作用，因此也同样能满足有教养的读者的需求。"

五、迁居魏玛

在荣归故里时，席勒曾经拜访了蒂宾根大学。学校给他留下了很好的印象。还在1795年的春天，席勒收到了蒂宾根大学的聘书，职位是高等语言学和美学教授。他以身体欠佳不能定期上课为由，拒绝了这一聘请。但是蒂宾根大学并未因此而放弃，又再次发出聘请，这次的条件极其优厚，作为终身教授，薪金固定，而且不承担任何义务。

席勒收到新的聘请后，立即给魏玛公国枢密顾问伊格特写信，请求将薪金提高一倍，并得到了保证。他的年俸才二百塔勒，即使提高一倍也才四百塔勒。这和歌德的年俸相比只是一个零头，因为歌德的年俸是三千塔勒。

为什么席勒留恋魏玛公国呢？因为它当时是德国文化艺术的中心，在这里有许多文化名流，有民族剧场和良好的文化氛围。席勒给蒂宾根大学回信，道出了自己的想法："在耶拿和魏玛，人们对我没有这样的要求，我们的大公知道，我不会去做这类学术性的工作。在这里我不需要欺骗任何人，因此生活起来心满意足。""再说魏玛宫廷给了我那么多的无私的尊重，如果我为了某个人，哪怕这个人是我的祖国，而出卖它，那我是不会原谅我自己的。"

经过两年的艰辛，他创作完成了历史剧《华伦斯坦》三部曲。他从耶拿赶到魏玛，不仅亲临《华伦斯坦》的排练现场，而且还在 1798 年底到 1799 年初观看了正式演出。演出大获成功。这进一步巩固了席勒作为剧作家的声望和地位，而且公爵夫人还送给他一套银制咖啡器具。奥古斯特大公邀请他迁居魏玛，以便能更好地创作戏剧。

席勒突然意识到，"一个盛行做学问，尤其是做形而上学的学问的地方"，对诗人的文艺创作是没有益处的。他给大公写信说：

大公殿下，公爵先生：

冬天和春天在魏玛、在殿下您身边的几个星期虽然时间不长，但是却激发了我的精神状态，我越加感觉到在耶拿的空虚，这里缺乏各种艺术享受，缺乏各种信息。如果我仍然一门心思研究哲学，耶拿是一个非常合适的地方。但是现在我的健康有了好转，我以新的激情重新投入到诗歌中去，因此我觉得这里倒像是荒漠。

1799 年 10 月，席勒夫人夏洛特生下他们的第一个女儿。前面的两个孩子都是男孩。但是产后不久夏洛特染上了一种神经炎。席勒在信中说："她产生幻觉已经有三天了，生病后一直没法入睡，而且烧得很厉害。我们一直处于极度的恐惧之中。"经过一两个月，病情才逐渐好转。他们决定离开耶拿，把这两个月的回忆全部留在耶拿峡谷，到魏玛去开始一种崭新的愉快生活。

施瓦本地区的人有一句格言叫："辛苦，辛苦，为了自己的小屋。"席勒也秉承了这种"居者要有其屋"的传统，用四千二百塔勒买下了一栋花园别墅，其中一千四百塔勒是出版商戈申为《华伦斯坦》提供的预支稿酬，又申请了一笔房屋抵押贷款，至席勒去世贷款也没有还清。这栋花园别墅的原房屋所有者是英国的席勒崇拜者，而且还翻译了席勒的《玛丽亚·斯图亚特》。两层小楼上面是一个尖顶阁楼，两边各有一个阁楼间，略有古典主义气息。现在这条大街已经改名为席勒大街。

在魏玛，文学界的三巨头歌德、席勒和赫尔德住得非常近，相互只有几步路的距离。1802 年，席勒搬进自己的房子，魏玛大公作为见面礼，给席勒授予了贵族头衔。由此诗人的名字成为弗利德里希·封·席勒。他给洪堡写信说："您听说我的身份提高了，一定乐不可支。这都是我们的大公心血来潮。

既然事情已经到了这一步，那么为了罗罗（夫人）和孩子们着想，我也就听之任之了。罗罗现在可谓春风得意，拖着裙摆在宫廷里跑来跑去……"

在那个年代，特权和陈规决定了宫廷的礼仪，而宫廷礼仪又是身份和地位的象征。由于席勒夫人原来就有贵族血统，席勒被册封贵族以后，宫廷的大门才对她打开。而之前她的姐姐由于夫妻都是贵族，从来都可以在宫廷自由出入。

第 9 章

诗学理论与诗歌创作

艺术家要致力于由可能性与必然性的结合中产生出理想。

——席勒

一、素朴诗与感伤诗

《论素朴诗与感伤诗》的写作

1795 年席勒继《美育书简》之后,完成了《论素朴诗与感伤诗》(*Über naïve und sentimentale Dichtung*)的写作,从 1795 年底到 1796 年初,在《时序女神》杂志上分三期连载发表。继卢梭、温克尔曼等人之后,席勒也从人类的历史进程中人与自然的关系方面来考察文艺发展的特性。

文章一开头,就提出了"素朴"的概念。他说,在我们的生活中有些时刻,我们把一种爱和亲切的敬意献给植物、动物、山水景物的自然界,就像献给儿童、乡村习俗或史前世界和人的自然本性,这仅仅因为它们是自然的。这种被提升为人的自然本性,是以对花卉和动物、对简朴的园林、对散步、对乡村及其居民、对遥远古代的产物的广泛爱好为基础的。其前提是既不含矫揉造作也非偶然的兴趣。这种对象的特点便是素朴的。

他把古希腊人与自然的关系及现代人与自然的关系作了比较。他认为，古希腊人是信赖地与自由的自然生活在一起，而我们现代人却多情善感地满怀甜蜜的忧伤依恋于自然。这种不同的心境来源于，自然在我们这里已从人性中消失了，我们只能在人性之外即无生命的世界找到它。也就是说，我们现在的环境、状态和习俗是反自然的。

席勒将这两种不同的人与自然的关系概括为素朴的关系和感伤的关系，由此引申出素朴的诗人和感伤的诗人以及素朴诗和感伤诗。诗人或者是自然，或者追求自然——前者造就素朴的诗人，后者造就感伤的诗人。

只要人保持纯粹的自然，他就会作为一个和谐的整体发挥作用。感性和理性、接受能力和创造能力在他们的活动中还没有分离，更没有彼此对抗。他的感觉来源于必然性的法则，他的思想产生于现实。在自然的素朴状态中，由于人以自己的一切能力作为一个和谐的统一体发挥作用，他的全部天性都完全表现在现实中，所以诗人就必定尽可能完美地模仿现实。

当人进入了文明状态，他的那种感觉的和谐就消失了，他就只能作为道德的统一体来表现自己。他的感觉和思想的一致只是作为观念存在着，这种一致不再作为他生命的事实而存在着，而是作为首先必须加以实现的一个思想而存在着。诗的概念只不过是给人性提供尽可能完满的表现。由于人的全部天性的和谐配合仅仅是一种观念，诗人就必定把现实提高到理想层面，或者换句话说，就是表现理想。

素朴诗在感受方式上给我们不同程度的印象，只取决于同一性质的不同差异，其形式可以是抒情的或史诗的、戏剧的或描述的，但感情始终是不变的（这里抛开题材不谈）。

感伤诗人思考事物在他身上所产生的印象，他的心灵中所引起的感动和他在我们心灵中所引起的感动，都是以他的这种沉思为基础。感伤诗的感染力是以对象与某种观念的联系为基础的。在这里表现出以作为有限物的现实与作为无限物的观念的冲突。作者是喜爱前者还是后者，由此构成了讽刺诗或哀歌。

素朴诗的缺陷在于，素朴的天才对于经验是处于依赖状态，不大可能凭借自己的自由来创造一切。对于自然的理解，可以区分出实际的自然和真正的自然，后者才是素朴诗的主体。

感伤诗的缺陷在于，对理想化的表现可能超越现实可能性，而表现为夸张和沉溺于幻想。由此产生感受的夸张和表现的夸张而失去对象的真实。

因此，人性的理想是使现实主义与理想主义相结合，从而达到人性的完美。

后世的反响

《论素朴诗与感伤诗》实际上涉及古典诗与浪漫诗的概念。歌德在 1830 年 3 月 21 日的谈话中便提出了这个问题，他说：古典诗和浪漫诗的概念现已传遍全世界，引起许多争执和分歧。这个概念起源于席勒和我两人。我主张诗应采取从客观世界出发的原则，认为只有这种创作方法才可取；但是席勒用完全主观的方法去写作，认为只有那种创作方法才是正确的。为了针对我来为他自己辩护，席勒写了一篇论文，题为《论素朴诗与感伤诗》。他想向我证明，我违反了自己的意志，实在是浪漫的，说我的《伊菲姬尼亚》由于情感占优势，并不是古典的或符合古代精神的，如某些人所相信的那样。许莱格尔兄弟抓住这个看法把它加以发挥，因此它就在世界传遍了，目前人人都在谈古典主义和浪漫主义，这是三十年前没有人想得到的区别。

席勒对文艺类型的划分，对于黑格尔的艺术类型学产生了直接的影响。黑格尔正是依据人类历史进程，把艺术划分为象征型艺术、古典型艺术和浪漫型艺术。"古典与浪漫"和"素朴与感伤"形成直接的对应。

与素朴诗相呼应，19世纪欧洲产生了自然主义文艺思潮。当现实主义者（素朴诗人）坚持模仿和再现自然时，不能区分真正人的自然与庸俗的实存自然时，便蜕变为自然主义的创作。与感伤诗相呼应，1886年法国浪漫主义者发表了《象征主义宣言》，他们与理想主义相反，发展了颓废派的倾向，走向空想和夸张的道路。

把人类社会发展与个体发展的关系加以类比，以古希腊的人文思想为参照是席勒在《论素朴诗与感伤诗》中所采用的一种视角。对此马克思在《〈政治经济学批判〉导言》中曾经指出：一个成人不能再变成儿童，否则就变得稚气了。但是，儿童的天真不使他感到愉快吗？他自己不该努力在一个更高的阶梯上把自己的真实再现出来吗？在每一个时代，它的固有性格不是在儿童的天性中纯真地复活吗？为什么历史上的人类童年时代，在它发展得最完美的地方，不该作为永不复返的阶段而显示出永久的魅力呢？有粗野的儿童，有早熟的儿童。古代民族中有许多是属于这一类的。希腊人是正常的儿童。他们的艺术对我们所产生的魅力，同它在其中生长的那个不发达的社会阶段并不矛盾。它倒是这个阶段的结果，并且是同它在其中产生而且只能在其中产生的那些未成熟的社会条件永远不能复返这一点分不开的。

二、有关中国的诗

18 世纪的欧洲，通过丝绸之路与中国有着广泛的商贸和文化交流，人们对于中国陶瓷和丝绸也有浓厚的兴趣。德国哲学家莱布尼兹曾经对中国文化有过独到的研究。同样，席勒也对中华文化有所心仪，通过他的两首诗我们可以感受到，席勒对于中华文化的景仰和关注。

孔子曾经对于天、地、人生发出过许多带有启示性的感悟，如"天何言哉？四时行焉，百物生焉，天何言哉"（《论语·阳货》），"子在川上曰，逝者如斯夫，不舍昼夜"（《论语·子罕》）以及"知者乐水，仁者乐山（《论语·雍也》）"。席勒利用时间和空间的概念作了独特的发挥，还对长城的和平目的给予肯定。

孔夫子的箴言　（1795）

1

时间的步伐有三种不同：

姗姗来迟的乃是未来，

疾如飞矢的乃是现在，

过去却永远静止而不动。

它在缓步时，任怎样性急，

不能使它的步子加速。

它在飞逝时，恐惧和犹疑

不能阻挡它的去路。

097

任何懊悔，任何咒语
不能使静止者移动寸步。

你要做幸福、聪明的人，
走完你的生命的旅程，
要听从迟来者的教诲，
不要做你的行动的傀儡。
别把飞逝者选作朋友，
别把静止者当作对头。

2

空间的维度有三种不同：
它的长度绵延无穷，
永无间断；它的宽度
辽阔广远，没有尽处；
它的深度深陷无底。

它们给你一种象征：
你要进入完美之境，
须努力向前，永不休息，
孜孜不倦，永不停止；
你要看清世界的全面，
你要向着广处发展；
你要认清事物的本质，
必须向深处挖掘到底。
只有坚持才达到目的，
只有充实才使人清醒，
真理藏在深渊的底部。

（钱春绮译）

谜 语 （1801）

有一座建筑，年代很久远，
它不是庙宇，不是住房；
骑马者可以驰骋一百天，
也无法周游，无法测量。

多少个世纪飞逝匆匆，
它跟时间和风雨对抗；
它在苍穹下屹然不动，
它高耸云霄，它远抵海洋。

它不是造来夸耀宇内，
它为造福，担任守卫；
它在世界上无出其右，
但却完成于凡人之手。

谜 底

这座古代的坚固建筑，
它对抗着风雨和世纪，
它伸展得无穷无尽，
保护万民，它就是长城，
给中国和鞑靼荒漠分界。

（钱春绮译）

三、《希腊的群神》

席勒受德国启蒙运动思想的影响，把古希腊文明理想化，以此作为批判现代文明造成人与自然相分裂的参照。正如他在

《论素朴诗与感伤诗》中所说，"如果人们回忆起环绕古代希腊人的美丽自然，如果人们深思一下，这个民族怎么能够在他幸福的天空下信赖地与自由的自然生活在一起，怎样以他的想象方式、他的感受方式、他的习惯极其接近单纯的自然，而单纯的自然的那样一个忠实的印迹就是他的诗作"。在此之前，他于1788年所创作的《希腊的群神》便体现了对古希腊世界的一种憧憬。希腊的多神教被打倒了，取代它的是基督教的一神教。在这首诗中，席勒为希腊神话的群神招魂，体现了对德国的封建统治的不满，也具有反基督教的意味。

诗的开头写道：

> 当你们还统治美丽的世界，
> 还在领着那一代幸福的人，
> 使用那种欢乐的轻便的引带，
> 神话世界中的美丽的天神！
> 那时还受人崇拜，那样荣耀，
> 跟现在相比，却有多大的变化！
> 那时，还用花环给你祭庙，
> 啊，维纳斯·阿玛士西亚！
>
> 那时，还有诗歌的迷人的外衣
> 裹住一切真实，显得美好，
> 那时，万物都注满充沛的生气
> 从来没有感觉的，也有了感觉。
> 人们把自然拥抱在爱的怀中，
> 给自然赋予一种高贵的意义，
> 万物在方家们的慧眼之中，
> 都显示出神的痕迹。

现代学者解释，太阳不过是
没有生命的火球，在那儿旋转，
那时却说是日神赫利俄斯，
驾着黄金的马车，沉静威严。
曾有个树精在那棵树上居住，
曾有些山精住满这些山头，
曾有可爱的水神，放倒水壶，
倾注银沫飞溅的泉流。

　　诗人的着眼点是人与自然的和谐，所以诗人在述说了希腊
诸神的故事以后，紧接着写道：

美丽的世界，而今安在？大自然
美好的盛世，重回到我们当中！
可叹，只有在诗歌仙境里面，
还寻到你那神奇莫测的仙踪。
大地悲恸自己的一片荒凉，
我的眼前看不见一位神道，
唉，那种温暖的生气勃勃的形象，
只留下了幻影缥缈。
那一切花朵都已落失缤纷，
受到一阵阵可怕的北风洗劫；
为了要抬高一位唯一的神，
这个多神的世界只得消灭。
我望着星空，我在伤心地找你，
啊，塞勒涅，再不见你的面影；
我在树木里，我在水上唤你，
都听不到任何回音！

最后指出了群神已经回到诗歌世界，尘世已经不再需要他们，人们现在要依靠自己来取得自身的平衡：

> 他们回去了，他们也同时带回
>
> 一切至美，一切崇高伟大，
>
> 一切生命的音响，一切色彩，
>
> 只把没有灵魂的言语留下。
>
> 他们获救了，摆脱时间的潮流。
>
> 在品都斯山顶上面飘荡；
>
> 要在诗歌之中永垂不朽，
>
> 必须在人世间灭亡。

（钱春绮译）

四、《人质》

席勒的诗歌创作是以思想性和哲理性取胜的。不仅在抒情诗中有《欢乐颂》那样名垂千古之作，在叙事谣曲即叙事诗中也有许多脍炙人口的作品。他的叙事谣曲词句简洁，情节紧张，描写逼真，寓意深远。1798年创作的《人质》一诗便是突出的一例。但此诗也反映了诗人政治观点上的缺陷，即主张阶级调和与人性论。

故事的情节是这样的：主人公默罗斯对叙拉古城统治者的残暴忍无可忍，为了把该城从暴君统治下解放出来，他身藏匕首，进入宫廷，准备杀死暴君。不慎被人发现，落入暴君之手，被判绞刑。他对死早有准备，心中所挂念的，就是要为妹妹办好婚事。于是，他请求给他三天宽限，到时一定回来接受绞刑。在此期间让他的朋友当人质，他若到时不归，当作人质的朋友可以抵命。

暴君既不相信友谊，也不相信会有人愿意当人质；他不相信忠诚，也不相信默罗斯会准时赶回来。于是，这位暴君痛快地答应了默罗斯的请求，默罗斯的朋友也爽快地答应替默罗斯当人质。现在的问题是，就看默罗斯本人会不会在期限之内回来。

默罗斯给妹妹办完婚事之后，立即起程返回叙拉古。本来时间就很紧迫，他必须以最快的速度行走。但是天公不做美，倾盆大雨使河水泛滥，桥梁被冲坏，船只又停驶，他无法跨越湍急的河流。就在这危急时刻，他跳入水中，泅水来到对岸。刚刚上路，又遇到一伙强盗，拦住了他的去路。为了及时赶路拯救朋友，他鼓起最大勇气打死了其中的三个，扫除了前进道路上的最后障碍。不过，这时他已精疲力竭，体力不支。他奇迹般地发现了一股清泉，饮后恢复了体力。

诗人接着写道：

忧惧促使他更快地奔驰，

愁苦在将他逼迫；

这时叙拉古的城堞

远远地辉映在夕阳残照，

他遇到菲罗斯特拉托斯，

他的这个忠实的管家

见到主人很惊讶：

"走吧！你再也救不了朋友；

还是自己去逃命！

他此时已经受刑。

他时时刻刻在那里等候，

心里总希望跟你再碰头；
任凭僭主在嘲笑，
信念绝对不动摇。"

如果太迟了，已无法挽救，
来不及赶到那里，
我们就死在一起。
我不让残酷的僭主吹牛，
说朋友竟会失信于朋友；
让他残杀了二人，
却相信真有爱与忠诚！

默罗斯终于赶到，两个朋友拥抱在一起。他们各自对于对方的忠诚，感动了所有在场的人，暴君也被感动，唤他们二人进宫。

他愕然对他们望了很久，
说道："你们已获胜，
你们征服了我的心。
忠诚，绝不是向壁虚构；
请接受我做你们的朋友！
如果你们肯同意，
我就坐第三把交椅！"

五、《大钟歌》

1799 年创作的《大钟歌》，是席勒诗歌的代表作之一。1788 年，席勒在游览鲁多尔市时常去铸钟场体验生活，想写一首以铸钟为题材的诗。1797 年，他开始动笔，但是直到 1799

年才完成。

1805 年 5 月 9 日席勒逝世后，为纪念席勒，8 月 10 日在魏玛新剧场上演了这首《大钟歌》，此后此剧在 1806 年 5 月 10 日（席勒逝世一周年）及 1810 年和 1815 年 5 月 10 日又数次公演。歌德在 1805 年也创作了《席勒〈大钟歌〉跋》，作为对席勒的悼念。该诗 1815 年最后定稿。诗的最后写道：

> 他就这样，离开我们去了！
>
> 就在好多年前，已经有十年。
>
> 我们大家都感到获益匪浅，
>
> 世人感激他赐予的一切教言；
>
> 那些只属于他自己的思考，
>
> 早已在全民之中扩展蔓延。
>
> 他照耀我们，就像消逝的彗星，
>
> 以自己的光结成永久的光明。

《大钟歌》以铸钟的过程为线索，展现了对人生、家庭和社会生活的体验和思考。在第一单元即全诗的开篇，讲述了铸钟师傅带领工人们开始用黏土烧制钟模的过程，由此引发出人应当有一种干一番大事业的雄心，还应该有认真工作的态度。

第二单元讲述铜块熔解并加入锡块构成铜锡合金的过程，由此联想到大钟铸成后的情景：它高挂在钟楼上，发出响亮的声音，传达人们的心声。这说明劳动的必要和劳动产生的成果。

第三单元讲述铜液已经熔解，还须加上草碱使其纯净，这样大钟发出的声音就能清脆。同样的道理也适用于人生：人出生以后，要有慈母的哺育，还得经历世上的磨炼，然后开始美好的青春之恋。

第四单元讲述铜与锡构成的合金，相互搭配关系到铸钟的成败。由此引申到夫妻构成的家庭生活。诗人写道：

> 因为严厉跟温和搭配，
> 刚与柔一起成双成对，
> 就能发出美妙的音响。
> 因此，谁能缔造良缘，
> 先要看是否心心相印！
> 幻想之日短，后悔之日长。
> 当悠扬的教堂钟声
> 邀人去庆贺新婚大典，
> 纯洁的花冠多么动人，
> 戴在新娘的卷发上面。
> 可是，随着喜事结束，
> 也结束了生命的春光，
> 衣带解开，面纱除去，
> 就粉碎了美丽的梦想。
> 热情虽去，
> 爱还要维系，
> 花儿虽枯，
> 还要结出果实……

第五单元讲述了火候在铸钟过程中所起的关键作用，由此引申出火在现实生活中的两重作用：火若被人所驾驭，它就会给人带来巨大利益；反之，它会给人带来令人恐惧的灾祸。

第六单元讲述了铜液已注入钟模，希望就在眼前，但正是这样的时刻，也许会出现不测的灾殃。因此，在生活中也要时时想到，不幸会随时降临。如一个幸福的家庭，也许妻子会突然离开人世。

第七单元讲述大钟已经成型，先得让它冷却，帮工们可以暂时休息，而师傅还得紧张劳动。诗人写道：

千万双手辛勤劳动，

团结一致，互相帮助，

在火一样的活动之中

显出一切伟大的力量。

受到"自由"的神圣保卫，

师傅和帮工努力发奋，

人人热爱自己的岗位，

反对那种轻视劳动之人。

劳动乃是市民的光荣，

成功就是苦干的酬报，

国王因地位受到尊崇，

我们的尊贵在于勤劳。

第八单元讲述到了打碎钟模的时刻，让大钟露出完美的形象。要想铸造成功，铜液入模不能随意流动。席勒由此引出秩序与自由的话题。

第九单元讲述钟模已经剥离，大钟终于铸成。诗人最后写道：

现在，借助强力的绳索，

从坑穴里举起大钟，

让它升入音响的王国，

把它高举到太空之中！

拉吧，拉吧，举上来！

它在移动，在摇摆！

让它第一次发出的声音，

标志本市的欢乐与和平。

席勒的《大钟歌》受到友人的一致赞扬。洪堡称《大钟歌》是一首"非常独到的、极富天才的作品"，"在任何一种语言中，我们都没有见到这样一首诗，它在如此狭小的题材内开辟了如此广阔的诗意天地，它包含了人的所有最深沉的感情，并完全是以诗歌的方式表现了人生中最重要的事件时期。它简直就是一部由自然界线划定范围的史诗"。

第 10 章

悲剧理论与后期历史剧创作

经常听到有人断言，观众使艺术堕落了，那是不符合事实的；是艺术家使观众堕落了，而且在任何艺术衰落的时代，都是艺术家使艺术堕落了。观众只需要敏感性，而他们也有这种敏感性。他们怀着一种不确定的渴望，带着多方面的能力来到帷幕之前。

——席勒

一、悲剧理论

作为剧作家、历史学者和思想家的席勒，具有强烈的忧患意识和悲剧意识。他忧国忧民，试图用戏剧，特别是悲剧来产生振聋发聩的教育作用，让民众能够警醒，去追求自由和幸福的生活。1792 年前后，他在反思自己前期戏剧创作的基础上，写出了《论悲剧题材产生快感的原因》和《论悲剧艺术》，对作为美学范畴的悲剧性作了独到而精辟的论述。

悲剧为什么会产生快感？这是为历代美学家所思索的一个问题。席勒是怎样理解的呢？他认为，艺术的目的在于促进人类的幸福和快乐。但是，人是一个肉体（感性）存在和精神（理性）存在的统一体，所以人也会由此产生两种不同性质的快感——肉体的快感和精神的快感，后者是一种自由的快感即理性和想象力的激发所引发的快感。肉体感官上的快乐，只是灵魂被盲目的必然性所支配，由肉体上的原因所感受到的，而自由快感的对象才是属于艺术的。任何快感——包括感官的快感的根源是目的性，要使这种目的性形成自由的快感，那就必须借助观念。

由于引起快感的对象不同以及对象作用于人的心理的不同，艺术可以分为两大类：一种是主要满足人们智慧和想象力的艺术，也就是以真实、完善、美为主要目的的艺术，我们可以称之为美的艺术或趣味的、智慧的艺术；另一种主要是通过感动和崇高的观念激发人们的想象力和理性的艺术，我们可以称之为动人的艺术或情感的、内心的艺术。这两类艺术是判然有别的。

美的艺术是从单纯的目的性之中产生快感——优美感；而动人的艺术却是通过不快和崇高感来产生快感的，即悲剧的感动和我们由痛苦而生的快乐，是以道德上合情合理之感为基础的。只有通过斗争才能保持住我们的道德本性的最高意识，而最高度的道德快感总有痛苦伴随着。

在《论悲剧艺术》一文中，席勒指出，悲剧感动的基础是下列条件：第一，我们同情的对象必须完全与我们同类，而要我们参与的行动必须是一种道德的行动；第二，痛苦、痛苦的根源和逐渐推进的程度，必须通过一系列的事件完整地传达给我们；第三，必须用感情的目睹的形式，不是间接通过描写，而是直接通过行动来表现。也就是说，悲剧是对一系列彼此联系的事件进行诗意的模拟，这些事件把处于痛苦之中的人们展

110

示给我们，目的在于激发我们的同情。

在这里，我们的感性受到了打击。这就创造了一个条件，使心灵中激起某种力量，这种力量活动的结果，便产生由同情别人的痛苦而引发的快感。这种力量不是别的，乃是理性和道德本性。因为理性的自由活动，是一种绝对的自我活动。心灵只有在道德行为中，才充分感受到独立、自由。

在《关于在艺术中运用庸俗鄙陋事物的想法》一文中，席勒指出：在严肃的和悲剧的场合有一些可能运用鄙陋事物的罕见情况。不过，在这种情况下它必须转化为可怕的事物，而且对审美趣味的暂时伤害必须被激情的强烈活动所消除，就好像被一种最高的悲剧效果所吞没。由此说明悲剧人物不一定是英雄，也可以是普通人，甚至是坏人。

二、《华伦斯坦》

构思过程

早在 1791 年，席勒研究和写作《三十年战争史》时，华伦斯坦这个历史人物就激发了他的创作欲望。这个题材虽然使他跃跃欲试，但是他迟迟没有动笔。1796 年底，他怀着近乎绝望的心情给克尔纳写信说："我一直都在认认真真地酝酿《华伦斯坦》，但是这部不幸的作品在我面前仍然没有成型、没有结果……我不得不说，这个题材最不适合为这种目的进行加工。"

这一创作题材之所以难以处理，"从本质上说，这是一个国家政治题材。结合诗歌创作来讲，凡是政治事件可能有的不利因素它一应俱全，如对象不明了、抽象，手段琐碎、繁多，情节分散，每迈出一步都需要小心谨慎，目的性（就诗人而

111

言）过于枯燥、不近人情，无法把内容推向完美的结局，因此无法将它创作成诗歌的巨作。如果基本构思最终失败，原因只会是因为题材无法驾驭"。

不利因素远远不止这些："华伦斯坦的各种活动均以军队为基础，这个基础对我来讲太庞大了，我无法把它展示在人们的眼前，只能通过不可言传的艺术调动人们的想象。我无法展示它赖以存在的那个基础，也同样无法展示最终导致它身败名裂的那些东西。这就是军队的那种内在的东西，还有宫廷，还有皇帝。"

即使作品的主人公也很难处理：阿尔布莱希特·封·华伦斯坦是奥皇军队的统帅、弗里德兰的大公，他同哈布斯堡宫廷发生分歧之后，与法国、萨克森公国、瑞典等进行了秘密谈判，于1634年被杀死在埃格。华伦斯坦身为统帅，野心勃勃，权力欲强烈，但是他的性格摇摆不定，他披挂出征绝非为了帝国的荣辱，而是为了自己获得统治权。这样的人物很难表现成一个舞台上的主人公形象。

席勒说："华伦斯坦为之触动的那种激情，对复仇的渴望，对名誉的贪婪，无不冷酷至极。华伦斯坦的性格从来都不是高尚的，他也不允许自己的性格高尚；他的形象从来算不上伟大，只能说是令人生畏。""换句话说，能让我以自己熟悉的方式驾驭题材的那些东西，在这里几乎不存在。我对内容几乎没有指望，只有靠美好的艺术形式了。只有以富于艺术的手段对情节加以组织，我才能把这个题材加工成一个美好的悲剧。"

在创作过程中，席勒对艺术形式的组织费尽心思。前后历时三年之久，在与歌德的来往信件中就有上百封信谈到这一创作构思。最终是以三部曲的形式完成了这一悲剧。

第一部《华伦斯坦的军营》，华伦斯坦并没有出场，而是军营士兵群众成了戏剧主角。这点体现了席勒在戏剧构思上的独创性。由于整个军队的角色和华伦斯坦在军队中的地位无法通过戏剧情节直接表现，于是他干脆把军队本身当作情节。华伦斯坦的形象虽然没有出现在舞台上，但是他又无处不在，人们无时无刻不在谈论他。席勒正是通过军营的群众角色形象地把时代背景和主人公地位刻画出来。这种衬托法后来为德国表现派剧作家所继承。

第二部《皮柯乐米尼父子》是以华伦斯坦统帅下的主将父子为线索，使主人公华伦斯坦的性格更加立体化地表现出来。其中皮柯乐米尼之子与华伦斯坦之女的恋爱完全是作者的虚构，否则会使剧情陷于单调。诗人的这些手法都收到了良好的效果。

第三部《华伦斯坦之死》讲述历史条件的局限和华伦斯坦思想上的盲目性、行动的游移不决，最终导致了他的悲剧。

剧情梗概

《华伦斯坦的军营》

这是历史上首次出现的群众剧。剧中出现的人物有农民、市民、随军女商贩以及各种军人。通过他们的活动和谈话，反映出战争给普通百姓带来的巨大苦难。农民和市民受尽军人的欺辱，他们自己为了生存也干起非法勾当。战争给军人带来掠夺的自由和晋升的机会，但这些都是违背人性的。正如在序曲中所说：

全国都是悲茄刁斗的战场
都市萧条，城堡化为了灰烬，
职业和工艺区域扫地无存，
市民无事可为，万般只有武弁，

没忌惮的厚颜无耻嘲笑义廉

无赖之徒屯集在驻兵的地点

在长久的争战中已荒谬滔天。

（郭沫若译）

　　通过人物之间的对话我们可以了解到：华伦斯坦独立指挥军队，不受皇帝的约束。他迷信星象，他与皇帝之间不是一般的君臣关系，而是彼此利用的关系。皇帝需要华伦斯坦，借助他掌握的军队以实现称霸欧洲的野心；但又怕华伦斯坦实力过大，从而动摇自己的统治甚至取而代之。华伦斯坦也是利用皇帝，有了皇帝的委托，就有了合法性，无论是在波希米亚称王，还是在欧洲实现和平。同样，华伦斯坦与他的部下之间也是相互利用的关系。对军官与士兵来说，华伦斯坦不仅是他们的统帅，也是他们的精神领袖和崇拜对象。这是因为华伦斯坦能提供他们最希望得到的"军人自由"，即抢劫掠夺的自由和晋升的机会。华伦斯坦为他们立的规矩就是：除了必须服从命令之外，其他事情他们可以为所欲为。

　　在这里，下级军官和士兵已经觉察到他们的统帅与皇帝之间的矛盾，他们注意到皇帝派奎士腾贝格到皮尔森来非同寻常，是废黜华伦斯坦的前奏。排长和号手谈话时，都认识到这位钦差大臣是要把华伦斯坦拉下马。他们信誓旦旦地表示要维护统帅，但又疑惑是否所有人都这样想。

　　皇帝命令华伦斯坦把一部分军队调往他处时，众官兵议论该不该接受皇帝的命令。有人认为，华伦斯坦是独立的诸侯，应该拥有绝对的权力；另一些人则认为，公爵统帅也是皇帝的下属；铠骑兵甲则提出"皇帝才是我们的最高主宰"。大家签署一份请愿书，向皇帝表明他们不想调动，愿与华伦斯坦永远在一起。

争论虽然平息了，但分歧依然存在。究竟是绝对忠于皇帝，还是绝对忠于华伦斯坦？这个问题大家并没有统一的认识。因此一旦涉及忠于还是背叛皇帝的原则问题，军队就会分裂，华伦斯坦的命运也就岌岌可危了。

《皮柯乐米尼父子》

皮柯乐米尼父子是华伦斯坦手下的主要将领。剧情主要在父亲奥克塔佛和儿子麦克斯之间展开，贯穿全剧的主要冲突是忠于华伦斯坦还是忠于皇帝。

皇帝派出奎士腾贝格，一方面向华伦斯坦传达自己旨在削弱其实力的军队调动令，另一方面让他暗中策划反华伦斯坦的阴谋。华伦斯坦十分清楚，皇帝正准备废黜他，他也正采取保护自己和对抗皇帝的步骤。

奎士腾贝格来到皮尔森便明显地感觉到，从士兵到军官都对华伦斯坦无比忠诚，而对皇帝十分轻视。这使他十分震惊。他哀叹说，这里没有皇帝，公侯就是皇帝。他意识到，长此以往皇帝的统治必然崩溃。要挽救哈布斯堡王朝，就要铲除华伦斯坦。他成功地把与华伦斯坦关系最密切、权势极大的奥克塔佛·皮柯乐米尼拉拢了过来。他告诉奥克塔佛，华伦斯坦准备背叛皇帝。一旦找到背叛的证据，即可由奥克塔佛来接替最高统帅的职位。奥克塔佛在皇帝与华伦斯坦之间选择了前者，并同意在高级军官中开展策反工作。

奥克塔佛用挑拨离间和金钱利诱等手段来笼络和分化忠于华伦斯坦的军官。他成功地将伊索朗和布勒特这两位华伦斯坦的心腹争取了过来，同时散布华伦斯坦要背叛皇帝的传言。由此在军官和士兵中形成了皇帝派和华伦斯坦派的分野。但是，奥克塔佛始终没有暴露出他反华伦斯坦的真实面目。虽然周围一些人一直在提醒华伦斯坦，说奥克塔佛有阴谋，但他不相信奥克塔佛会反对他。

　　奥克塔佛也对自己的儿子麦克斯进行策反。但是麦克斯不相信华伦斯坦会背叛皇帝，认为这是在为陷害华伦斯坦所捏造的罪名，由此父子之间形成了对立。

　　他们的分歧何在呢？奥克塔佛认为忠于皇帝是他的天职，唯皇帝之命是从是他的义务。同时，像任何保皇派一样，他也有个人的目的，一旦华伦斯坦被废黜，他就可以成为最高统帅。然而麦克斯与他不同，他所追求的不是保卫和巩固皇帝的统治，而是在欧洲建立新的社会秩序，使人人都能过上和平和幸福的生活。他认为，华伦斯坦是实现这一理想的最有力的人物，这样做并不是背叛皇帝。所以，他们父子的冲突是新人与旧人、新制度与旧制度之间的矛盾。

　　在"皇帝派"为废黜华伦斯坦展开各种活动的同时，华伦斯坦也没有坐以待毙，他也采取了一系列措施来对抗"皇帝派"的进逼。他把军队全部集中在皮尔森，并把他的夫人和女儿也从奥地利属地接来，从而在军事上形成与奥地利对抗的局面。他派人暗中与瑞典人谈判，想借助瑞典人的力量对抗皇帝。在接见奎士腾贝格时，他拒绝了皇帝要求削减兵力的要求，事后他又向部下宣布，因为皇帝的无理要求，他只得引退。其实，他并不真想引退，只是以此来激发部下对皇帝的不满。

　　华伦斯坦在思想上存在两个盲点：其一，他看不出奥克塔佛正在暗算他，他仍把奥克塔佛当作亲信，对别人的警告充耳不闻；其二，他虽然知道他与皇帝的矛盾是不可调和的，但他下不了决心采取果断措施。他要结束战争、实现和平，而皇帝却要继续战争、称霸欧洲。这两者本来就不可调和，他却始终想在两者之间找个平衡点。由此，他只好寄希望于天意，靠占星术来决定行动时日。

华伦斯坦的亲信见他不采取果断措施，十分着急。于是他们草拟了一份文件，表示继续遵守对皇帝的誓言并誓死保卫华伦斯坦，要求高级军官签名表态。但是，他们把签名的文件中"继续遵守对皇帝的誓言"删去了，由此反而弄巧成拙，使军官们对华伦斯坦产生了更大的怀疑。

《华伦斯坦之死》

事态的发展迫使华伦斯坦不得不采取行动。但是，他派往瑞典为他进行谈判的代表泽尼被皇家军队捉获，使他与瑞典之间的秘密谈判暴露在光天化日之下。不管他的意图如何，背叛皇帝的罪名是脱不掉了。在这种情况下，他理应采取一切措施防范一切可能的敌人，但他没有这样做。

瑞典谈判代表乌兰格尔会见了华伦斯坦，受瑞典首相委托，要求他立即签署有约束力的条约。同时，乌兰格尔提出警告：谈判不能再拖下去，如果不与瑞典马上结盟，瑞典方面就立刻停止谈判。在这样的选择面前，华伦斯坦也退缩了，他要求给他一点考虑的时间。后来，华伦斯坦的妹妹泰尔茨克伯爵夫人虽然终于说服他脱离皇帝，但为时已晚。奥克塔佛已利用密谈曝光的事件把大部分军队争取到皇帝一边，华伦斯坦陷入了众叛亲离的绝境。

华伦斯坦已经无法在皮尔森待下去了，于是他转移到艾格尔，他以为那里的驻防司令戈登仍忠于他。殊不知，戈登已被"皇帝派"争取了过去，并在物色刺杀华伦斯坦的人手。这时麦克斯也率部来到艾格尔，华伦斯坦还以为他是来援助他的。其实，麦克斯是来向他的女友告别，后奔赴与瑞典人作战的战场，并在战争无望中自杀身亡。

华伦斯坦仍留在艾格尔，等待瑞典军队的到来。实际上这里已被皇家军队包围，华伦斯坦已经没有逃生的出路。华伦斯坦直到最终，仍然处于一种盲目乐观的情绪中。在他被刺的前一个夜晚，他依然毫无防范，命令内侍给他铺好床，准备好好睡上一觉。结果，他和夫人以及仍留在自己身边的高级将领伊罗和泰尔茨克，都死在了杀手的刀下。

奥克塔佛的结果也不比华伦斯坦好多少。戈登交给他一封皇帝给他的信，他由伯爵晋升为侯爵，但他为此付出了惨痛代价——他的亲生儿子和亲密战友的死亡。他最后正如剧中所写"悲痛地仰视上天"。

社会反响

《华伦斯坦》三部曲首次公演就取得了良好的社会反响。1798 年 10 月 12 日在魏玛宫廷剧院演出了《华伦斯坦的军营》。观众得到了很好的艺术享受，人们感到惊叹，甚至有人激动不已。法国文艺评论家斯太尔夫人说："作为一个文人，必须有非常旺盛的想象力，才能构想出军营的生活。"

三个月之后，《皮柯乐米尼父子》公演，观众的好奇心空前高涨，门票很快被抢购一空。为了争夺座位，甚至有的人大动干戈，争执不休。

又过了三个月，《华伦斯坦之死》公演。席勒在给克尔纳的信中说，甚至"最麻木的人也被感动了"。席勒夫人给席勒姐姐描述了剧院观众的情况："剧场一片呜咽，甚至连演员也忍不住哭泣。在排演的时候，演员还没有完全习惯，哭起来连台词都说不下去……演出也深深打动了我，我也无法控制自己。虽然剧情我都知道，而且席勒给我朗诵过不止一遍，但是看戏时的效果，就如同自己第一次看到这出戏。"

剧本的出版也取得了空前的成功。首版四千册不到两个月全部售完，这在当时已经属于畅销书了。

在艺术形式上，该剧最初是散文体，后来出版时改为韵文体，即诗剧。这一加工无疑使语言得到了艺术的升华，因此有些台词给人的印象更深，有些便成了格言警句。例如《皮柯乐米尼父子》中有段台词：

很好，你们来了，我们有依靠了！我知道，只要上司希望他来，伊索兰就一定不会缺场。

改成步履轻盈的抑扬格后，这句话便被收入了格言集：

你们来迟了——不过终究还是来了，

伊索兰伯爵，路途遥远，所以原谅你们的迟到。

剧本在人物形象的刻画上也十分成功。华伦斯坦是席勒所塑造的内涵最丰富、性格最复杂的人物，也是德国文学中伟大的人物形象之一。在古典文学时期，艺术创作更注重环境对人物的影响。在该剧的序曲中，席勒便表明，这个人物生活在"阴暗的年代"：

依靠风云际会而飞黄腾达，

迅速登上了荣誉的最高峰。

他不知满足，一直向前追求，

最终成了追名逐利的牺牲品。

席勒所要表达的思想是：华伦斯坦已身居高位，有了自由，但不能自制和自律，结果走向毁灭。

皮柯乐米尼父子也是剧中的主要人物，尤其是儿子麦克斯和他的女友泰克拉，代表了人类的理想，给人以平和、宁静和清新的感觉。麦克斯愿意为正义献身，为德意志的和平和统一而战。他崇拜和景仰华伦斯坦，把他理想化和偶像化。当华伦斯坦暗中与瑞典人的勾结暴露之后，他十分矛盾，无法作出抉择。最终他选择了单独率部与瑞典人作战，在失利后自杀身亡，女友也死在他的墓前。这一构思体现了，他们作为非现实的理想人物必然在现实中没有立足之地。他的父亲是个旧制度的守卫者，忠君利己是他的现实选择，甚至采取阴谋手段。

当《皮柯乐米尼父子》演出后，戏剧评论家伯蒂格曾说：奥克塔佛是个"坏蛋"。但是席勒不同意这种看法，他写信给这位评论家说："在我的剧本中，他不是坏蛋。按照世俗的标准，他甚至是个相当正直的人，他干的那些卑鄙下流的事，我们在世界舞台上经常可以看到，而参与表演的那些人都像他一样，是在履行自己的权利和义务。他虽然选择了一种坏的手段，但他要达到的目标是好的，他想拯救国家。"

这是一部现实主义的历史剧。剧本把历史过程客观地反映了出来。不论是时代的刻画，还是事件的推进，都写得有声有色、栩栩如生。剧中的重要人物都是他们所代表的社会力量的典型。主人公华伦斯坦的行动，是客观形势所迫而为之。他的失败，不在于星象不利或道德犯罪，而在于他所处德国社会发展的落后状态下没有群众的基础。他不可能像拿破仑那样，利用法国革命的成就而崛起，只落得像莎士比亚剧中麦克白那样的下场。因此，《华伦斯坦》既不是命运悲剧，也不是性格悲剧，而是一部现实主义的历史悲剧。

三、《玛丽亚·斯图亚特》

历史根据和构思过程

早在 1783 年，诗人便对这位苏格兰女王玛丽亚·斯图亚特的传奇命运产生了兴趣，因为当时正在创作历史悲剧《唐·卡洛斯》，便把这一题材搁置一边，一放便是十几年。1799 年《华伦斯坦之死》公演之后，他便着手这一题材的构思。为此，他钻研了罗伯逊的《苏格兰史》、休谟的《英格兰史》、卡姆登的《伊丽莎白史》和拉潘·德·托拉斯的《英国史》等著作。

　　玛丽亚·斯图亚特生活的时代，正是宗教改革的年代。1518 年德国修士马丁·路德贴出声讨教皇罪行的檄文，很快在欧洲便出现了新教（基督教）和旧教（天主教）之间的斗争，最后演变为政治斗争。玛丽亚·斯图亚特于 1542 年出生时，其父苏格兰国王已处于弥留之际。六天后国王驾崩，玛丽亚成了苏格兰女王，其母后执政。其母系法国吉兹家族的公主，她便把小女王送到巴黎，交给法国王太后抚养。

　　1558 年，16 岁的玛丽亚成为法国太子的王妃。这一年，英国信仰天主教的玛利亚女王去世，她的同父异母的姐姐伊丽莎白即位。然而，这位伊丽莎白女王的王位继承权是有争议的，因为其母是被父王亨利八世以通奸罪处死，她被父王和国会宣布为私生女。天主教会认为，王位应由亨利七世的重侄孙女，即苏格兰女王玛丽亚·斯图亚特继承。因此，在这两位女王之间存在着王位之争。

　　1560 年法国太子即位并于当年去世。玛丽亚 18 岁便守寡。法国由太后摄政，1561 年玛丽亚返回了苏格兰。当时苏格兰新教势力已很强大，虔诚的天主教徒玛丽亚·斯图亚特不仅对信奉新教的贵族而且对信奉新教的英国女王伊丽莎白都构成了威胁。后苏格兰贵族起事，扣压了玛丽亚·斯图亚特。1568 年玛丽亚逃往英国。一到英国她便遭软禁，长达十九年。最后被英国政府以图谋杀害英国女王罪处死。

　　席勒对于这一题材的处理，其着眼点不是新教与旧教之争，也不是两个女王的权力之争，而是迫害与反迫害的斗争。玛丽亚丧失了自由，也就失去了王冠，而一个失去王冠的女人只是一个普通人，普通的女人。所以，席勒把玛丽亚作为一个受害者，从争取自由和反抗暴政的角度来塑造她的形象。

历史上的玛丽亚·斯图亚特并非一无辜少女，在一般传记作者的笔下，她是一个作恶多端的女人，最后的不幸下场是罪有应得。但是席勒考虑如何将她写成较为正面的人物，从而博得人们的同情。首先，让她真诚忏悔，由此才能得到人们的宽恕。其次，要表现出她作为女王的尊严和作为女性的娇媚。这种尊严是心地善良和精神崇高的表现。女性的花容月貌和温柔娇媚是她的财富，是她的优势和武器。

　　伊丽莎白在历史上也是一个有贡献的女王，并非平庸之辈。席勒深知，丑化伊丽莎白既有违历史真实，也达不到褒扬玛丽亚的目的。席勒对伊丽莎白的内心进行了大胆的剖析和深刻的挖掘。让我们看到的是一个英明的君主、专制的女王和不幸的女人。她坎坷的人生道路上的风风雨雨决定了她性格的两重性。她在王位上兢兢业业，不敢松懈，处理问题瞻前顾后，三思而行。她把玛丽亚囚禁十几年，既不放，也不杀，是要消磨对方的意志，使其自然死亡。之所以不敢贸然动手，是慑于形势，怕列强干涉引起战乱，也怕民心有变。

　　席勒对剧情的安排的确匠心独具。戏的开头便是贵族审判团已对玛丽亚判处死刑，只等伊丽莎白女王签字，便可执行。然而，戏剧性却表现在，尽管如此，还未成定局。欧洲列强、天主教国家还在准备刺杀伊丽莎白，营救玛丽亚。全剧的高潮则是两位女王在宫中花园的会晤。一系列意外情节的发展跌宕起伏，扣人心弦。

剧情梗概

　　故事发生在玛丽亚已被判处死刑，等待伊丽莎白女王签署执行的三天时间之内。有的人利用各种机会促成立即签署命令，以免夜长梦多，此人便是忠于伊丽莎白的大臣伯尔利。他向玛丽亚宣读了死亡判决书，玛丽亚以判决不公为由予以拒绝。伯尔利便在国务会议上以及通过国务秘书催促伊丽莎白立即签字。其实，他本人与玛丽亚并无深仇大恨，只是认为有责任保卫伊丽莎白的王位，玛丽亚是对政权的最大威胁。

准备用暴力手段解救玛丽亚的是莫尔蒂梅，他是个宗教狂热分子。他原本信奉新教，视玛丽亚为死敌。从罗马回来，他却秘密地改信了天主教，成为玛丽亚的狂热追求者，把解救玛丽亚看作自己的天职。经人介绍，莫尔蒂梅见到了伊丽莎白，他装成伊丽莎白的支持者。他了解到伊丽莎白在考虑如何秘密处置玛丽亚，便表示他可以实施这一计划；但另一方面，他又向玛丽亚透露了伊丽莎白的密谋，并说明自己制定了周密的计划以暴力劫狱来解救她。玛丽亚不能接受暴力解救的方案，她要光明正大地获得自由。但最终，莫尔蒂梅因计划失败而自杀。

主张从轻处置玛丽亚的塔尔博特伯爵，他虽然也是新教徒并一心维护女王的利益，但对信奉天主教的苏格兰女王并不抱有敌意。他从法律角度考虑，认为伊丽莎白无权判处玛丽亚死刑，更何况她作为女王拥有法律上的特权。

剧中莱斯特伯爵是一个左右逢源的两面派人物，他先与玛丽亚相恋，玛丽亚失势后，便投向伊丽莎白。他一方面深受伊丽莎白的宠爱，另一方面又与玛丽亚保持关系。玛丽亚把解救自己的希望寄托在他身上。他有意安排了两位女王在花园相遇的机会，本想缓解她们之间的矛盾，结果却促成伊丽莎白立即铲除玛丽亚的决心。

伊丽莎白享有"童贞女王"的称号，似乎为了国事可以牺牲个人幸福，为群臣所尊敬、为百姓所爱戴。然而事实上，她的宠臣莱斯特便是她的情夫。伊丽莎白是个精明强悍的统治者，她与其他专制暴君不同之处在于她更伪善、更阴险。席勒成功地刻画了一个专制女王的形象，把她的伪善阴险表现得淋漓尽致。伊丽莎白起先拒不签署玛丽亚死刑判决，以便向世人表示她宽大为怀，对这个至亲姐妹感情深挚不忍下手。其实她生怕担起不义之名，受世人和后世唾骂。伯尔利明白这一意图，向看守鲍勒特提出杀害玛丽亚的要求，遭到老人拒绝。于是伊丽莎白亲自出马策动莫尔蒂梅下手。

玛丽亚在与伊丽莎白的会面中，玛丽亚应当算是胜利者，她说："如果法制当道，你们就应当跪拜在我的面前，因为我是你们的女王。"

玛丽亚虽然死了，伊丽莎白也落得众叛亲离。她为了洗刷自己，把责任推到伯尔利身上，把他辞退。塔尔博特不满她的独断专行，愤然而去。莱斯特为保护自己逃往法国。正如茨威格所说："对于廷臣来说，对主子的秘密心愿不能心领神会，总是很危险的。不过有时候，对此理解得过于清楚，将会更加灾难重重。"这就是我们通常所说的伴君如伴虎。

社会反响

剧本完成后的第六天，即 1800 年 6 月 14 日便在魏玛首演，演出取得了巨大成功。歌德参加了首演式，并且断言："人们有各种理由对演出感到非常满意，我对这出戏非常欣赏。"耶拿大学的学生们冒着酷暑，整车整车地赶来看演出，在观众的行列中，甚至还能看到普通农民的身影。

7 月初，又在哈雷附近的劳赫施泰特的仲夏剧院上演，要看戏的人太多，剧院售票员都不用去剧院，下午在家里已把票销售一空，然后人们用天价倒卖。尽管如此，还有两百多人没有座位。导演认为："我实在想不出还有什么类似的轰动事件。

所有观众都众口一词，说这是德国舞台有史以来最出色的一出剧。"

首演后过了一年，《玛丽亚·斯图亚特》才出版图书。书在短期内便加印了三次。翻译成法语后，其中一个版本在法兰西大剧院就连续上演达五十场之多。法国文艺评论家斯泰尔夫人盛赞这是德国悲剧中最感人的。然而在英国，没有什么反响，因为剧中的伊丽莎白与英国人心目中的崇高形象不相吻合。

德国马克思主义文艺评论家梅林在评论《玛丽亚·斯图亚特》一剧时指出，它把"全部光明都落在忏悔者的身上，全部阴影都落在胜利者的身上"。在他的《为德国工人写的席勒传》中说明了席勒的历史洞见："历史研究也看出了16世纪的历史矛盾，就像席勒看见的那样。在英国宗教改革方面看到伯尔利这么一个人的残忍、严酷、冷静的商业政治，而在欧洲的反宗教改革方面看到各种艺术和科学的迷人光辉。这种光辉把许多头脑比狂热分子莫尔蒂梅更冷静、更聪明的人物都推到天主教会的怀抱里去了。"

在这部剧中，席勒强调了"诗意的自由虚构"。联想到他在1788年发表的《论歌德的哀格蒙特》的论文，文中曾经责备歌德，说他违背历史的真实。当时席勒正致力于《荷兰独立史》的研究，显然是以历史学家的观点来要求诗人拘泥于历史事实，而忽视艺术真实所允许的虚构。在此席勒已经用自己的艺术实践，更正了自己过去的观点。

四、《奥尔良的姑娘》

历史根据

完成《玛丽亚·斯图亚特》之后，席勒紧接着便投入了

《奥尔良的姑娘》的创作。剧中的主人公约翰娜就是英法百年战争中的法国女英雄贞德。这个名字在法文中是若娜·达克，而在德语中相应的就是约翰娜。贞德出生于法国东北部的一个村庄，父母务农，信奉天主教。1415 年，英国占领了法国北部的大部分地区。1420 年，法国被迫签订条约。法国王子查理被剥夺王位继承权，退居南方。罗亚河以北的法国领土归英国所有，由英国人与亲英的勃艮第人控制。于是，法国人民开展了游击战反抗英国的占领。

1428 年 10 月，英军围攻奥尔良，法国的增援部队被全歼，重镇随时会落入英国人之手。出于爱国热忱，贞德求见国王，说上帝派她来拯救法国。1429 年 4 月 22 日，查理任命贞德为军事首领，解救奥尔良。5 月初，贞德率部击溃英军，为奥尔良解了围。人民歌颂贞德的功绩，称她为"奥尔良的姑娘"。其后贞德又率部收复了兰斯城。7 月，查理在兰斯大教堂加冕，称查理七世。下一步贞德准备收复巴黎，但战事受挫。1430 年，兰斯西北的重镇康迅告急，贞德前往救援，但不幸被勃艮第军队俘虏。勃艮第人以高价将贞德卖给了英国人，而查理七世却坐视不管。

英国人把贞德押到里昂，交给宗教裁判所审判。最后以"妖术惑众"的罪名，把贞德判为"女巫"，1431 年 5 月 30 日处以火刑。直到 1456 年罗马教廷才撤销了对她的判决，贞德成为人人称赞的民族英雄。

英国戏剧大师莎士比亚和法国文豪伏尔泰都曾以此为题材写作过。但是莎士比亚在《亨利六世》中，还把贞德看作"地狱的魔女"，伏尔泰在《奥尔良贞女》的诙谐史诗中，只是借以讽刺教会和暴政。席勒第一次在文学上正面地刻画出这一爱国女英雄的光辉形象。

剧情梗概

席勒把这部作品称为浪漫悲剧，因为他不拘泥于历史或传说，而是要塑造一个他想象中的女英雄。他的主要意图不仅在于宣扬爱国主义，而且还探讨了在人的成长过程中感性冲动与理性冲动之间的矛盾和互动过程。剧中，那些宗教的神奇的因素，只是作为一种符号和象征，用以表现精神的升华。

约翰娜是一个保持着自然本色的牧羊姑娘，但她从小与众不同。她在牧羊时常常离开同伴，去聆听淙淙的泉水或沙沙的树叶声。在她的身上感性的天性和理性的天性都在发展。她朦胧地意识到，要走出乡村到广阔的世界去考验自己。当奥尔良被英军包围、法国危在旦夕、国王一筹莫展时，约翰娜挺身而出，要参加解放祖国的战斗。她希望国王能保护神圣的耕地和牧场，解放农奴。她向圣母祈求，解放她的祖国。圣母玛丽亚要她带领军队与敌作战并护送国王去加冕。要完成这些任务，她就要克制感性冲动，不恋爱、不姑息敌人。来到宫廷见到国王，国王派她带兵作战。她在前线身先士卒，英勇杀敌。遇到的第一个考验，便是一个英国青年军人向她求饶。面对这一情况，她心生同情，握剑的手也在颤抖。但是她想起圣母的誓言，坚定了杀敌的决心。

国王为表彰约翰娜的功绩，决定将她晋升为贵族，她却拒绝了国王的提议。她说只是为了完成神圣的使命，别无他求。约翰娜在兰斯外围激战中，将英军又一次打败。突然，一个身穿黑色盔甲的骑士把约翰娜带到一个荒无人烟的地方，警告她不要再继续战斗，但是遭到她的拒绝。在返回阵地的路上，她与英军残部的一名军官莱昂内尔相遇。莱昂内尔战败，当她看到那个男人迷人的面孔时，女性的柔情和爱意泛上她的心头，她放走了莱昂内尔。事后，约翰娜产生了一种负罪感和羞耻感，她觉得自己违背了誓言，宽恕并爱慕上了敌人。

此时约翰娜的父亲赶来，听到女儿建立如此功绩，感到不可理解。他认为女儿是与魔鬼结盟出卖了灵魂，说她是女巫。面对父亲的指责，约翰娜竟一言不发。由此，国王和众人也相信她是女巫，把她放逐。在流放中，她向同伴说明自己不是女巫，她之所以沉默是把这种指责当作上天对自己的考验。

后来约翰娜不幸又被太后的人马捉住，被关在塔里。此时被她释放的英国军官真诚地向她求爱，并答应把她救出并永远保护她。她却斩钉截铁地说：你是我的人民憎恨的敌人，我不能爱你。约翰娜被放逐后，法军一败再败。她得知这一消息，逃出了囚禁的塔又奔赴战场。最终打败了敌人，赶走了侵略者，但不幸她也牺牲在民众的怀抱中。临死前，她回到了人民之中，她看到空中的彩虹和圣母的微笑，她好像向上飞腾，奔向一个更高的境界。

社会反响

该剧的创作用了十个月，1801 年首演。但首演没有安排在魏玛。个中缘由出在卡尔·奥古斯特大公身上。大公曾经通读了剧本手稿，然后暗示这出戏不能搬上舞台。表面的理由是：这么崇高的题材早已毁灭在了伏尔泰的笔下。后来大公作了让步，提出贞女的形象不能由魏玛剧院的卡洛琳娜·雅格曼扮演。不是因为她演技不出色，而是因为她是大公的情人。如果由她来演贞女形象，会引起社会流言而对大公不利。

于是《奥尔良的姑娘》首演安排在了莱比锡。9 月 17 日，席勒夫妇正好由德累斯顿返回魏玛，途中便在莱比锡观看了第三场的演出。那天剧院座无虚席。席勒出现在剧院时，受到了隆重热烈的欢迎，鼓掌声不绝于耳，万岁声震耳欲聋。第一幕演完落幕时，剧院里群情激昂，人人都在高喊："弗利德里希·席勒万岁!"气氛极为热烈。

当时的一位观众，即作曲家兼历史学教授格鲁伯后来回忆说："诗人当时站在包厢里，谦虚地躬身表示感谢。但是并不是所有在场的人都能亲眼看到自己所崇拜的人。于是演出结束后，人们从剧院里蜂拥而出，以便目睹诗人的容颜。你可以想象一下当时的场面。从剧院前宽阔的广场到施泰特城门，一路上挤满了人。当席勒步出剧院时，人们顷刻间让出了一条通道。有人高喊'脱帽'。诗人在崇拜者的人群中走过，大家都脱帽致敬。站在后面的父亲们把孩子举得高高的，大声对孩子说：'就是他! 就是他!'别人怎么看我不知道，我本人已经激动得泪水夺眶而出。"

两年之后，《奥尔良的姑娘》搬上了魏玛舞台。因为碰巧剧院新来了一位女演员，可以替代雅格曼出演女主人公。

五、《墨西拿的新娘》

剧本的构思

早在18世纪90年代，席勒就开始构思《墨西拿的新娘》。他一直在研究古希腊文学，对古希腊悲剧充满敬意，希望再现这种戏剧形式。故事模仿古希腊戏剧的结构，并伴有严肃庄重的合唱，唱词平仄铿锵。这是一部现代的命运悲剧。

席勒以索福克勒斯的《俄狄浦斯王》为参照，虚构了这样一个故事：公元10世纪诺曼人统治西西里岛时，岛上的墨西拿城公爵有一天做了一个怪梦。圆梦师解释说，这个梦预示了公爵家族的未来。公爵已有两个儿子，如果再生一个女儿，她将使她的两个哥哥丧命，整个家庭灭亡。剧情便围绕这一预言而展开。

公爵果然生了一个女儿，他害怕预言成为现实，决定立即杀死这个刚出生的女儿。但公爵夫人出于母爱，不忍心杀害亲生女儿，就偷偷将她送到修道院抚养，并派仆人定期看望。十几年以后，两兄弟中的哥哥玛努埃尔在追赶小鹿的过程中闯入修道院，碰见了他并不认识的妹妹贝阿特丽克。两人一见钟情，彼此相爱。后来公爵病故，公爵夫人让女儿也回来参加公爵葬礼，但并未告诉她与公爵的关系。在葬礼上两兄弟中的弟弟采萨遇到贝阿特丽克，也爱上了她。她以沉默回答采萨的求爱，使采萨误以为她已同意做自己的未婚妻。

玛努埃尔和采萨两兄弟从小就彼此不和，由于父亲管教严格，没有爆发公开的争斗。他们二人各有自己的追随者，在整个城市分成了敌对的两派，大有不共戴天之势。公爵夫人为挽救家庭，劝兄弟二人和解。兄弟二人暂时停止了争斗，但在思想深处并未解决问题。母亲看到二人的和解，十分高兴，认为合家团圆的日子到了。她派人去修道院接贝阿特丽克，但仆人回来禀报人不见了，可能被海盗劫走了。哥哥玛努埃尔听出来，准备接回家的那个妹妹很像是他的未婚妻。于是他跑到藏匿未婚妻的地方，抱着贝阿特丽克询问谁是她的母亲。正当此时，弟弟采萨追赶海盗也来到贝阿特丽克的藏身处，看到哥哥正与他的未婚妻幽会。他深感自己被骗，仇恨涌上心头，拔箭射死了他的哥哥。他令随从将未婚妻送到母亲那里，这时他才知道未婚妻就是他的妹妹。他自感罪恶深重，自杀身亡。妹妹也主动承担责任而自尽。

作为命运悲剧，席勒与古希腊悲剧作家的理解所不同之处在于：古代人把命运看作天意，是不可抗拒的；而现代人则把命运看作社会活动的产物，正是人的思想和行为决定了人的命运。

公爵的夫人就是公爵从他父亲选定的第二任妻子强娶过来的，由此使他产生一种负罪感。所以他也对自己两个儿子的前途担忧。由此产生的另一结果是，两个儿子都暗恋自己的母亲，他们在不相识的妹妹身上看到了母亲的特征，也是造成他们一见钟情的原因。而兄弟二人彼此缺乏真诚和信任，造成彼此之间不是相爱而是仇恨。这一切都说明，悲剧不是由命运造成，而是由思想道德所导致的。

最后，采萨意识到问题的根源，他说：

> 箭可以从心中拔出，
> 但受伤的心不会再康复……
> 母亲，我不能带着破碎的心再活下去……
> 嫉妒毒害了我的生命……
> 死亡是一种净化的力量，
> 在它那永不消亡的殿堂里，
> 它将变成一颗美德的金刚钻，
> 从一切凡俗的东西中提炼出精华，
> 吸附由人的缺陷造成的一切污点。

社会反响

即使是大师，在他的文艺探索中也不能保证都会成功。《墨西拿的新娘》并不能算席勒一个十分成功的作品。该剧缺乏个人风格，完全依据古希腊的传统，在剧中还引入了合唱队的形式。为此席勒在剧本出版时写了一个前言《论悲剧中的合唱》。他认为，合唱队是向艺术中的自然主义宣战，它为我们筑起一道活生生的墙，把悲剧圈在里面，使悲剧与现实世界完全隔绝，保持它自己的理念的根基和诗意的自由。克尔纳曾经为此警告过席勒，不要指望处处都是鲜花、场场都有喝彩。

1803 年 3 月 19 日，《墨西拿的新娘》在魏玛首演，演出仍然获得巨大成功。下午 4 点剧院就已挤满了人，从耶拿有整整三十二车的大学生赶到魏玛来看戏！演出结束后，年轻人高呼席勒万岁，喊声震耳欲聋，造成局面的失控。有的人甚至称诗人为殿下，高呼殿下万岁。这在魏玛是前所未有的事，严重违反了宫廷的规矩和礼仪，使大公殿下恼羞成怒。而第一个三呼万岁的又偏偏是歌德的儿子。为此，作为舞台监督的歌德也被大公连续训斥了几天。

7 月，在劳赫施泰特的宫廷剧院上演了《墨西拿的新娘》。因为那里是一处温馨的浴疗圣地，聚集了许多浴客。当席勒抵达那里时，引起了轰动。热烈的场面把席勒吓坏了，对人们流露出来的崇拜之情，席勒有些诚惶诚恐。他尽量低着头从人群中走过，凡有与他打招呼的，他都友好地表示感谢。这表现出席勒质朴和平易近人的道德风范。

这场演出中间，突然下起暴雨。雷声大作时，合唱队正在演唱尾声的一段合唱：

滚滚的乌云遮蔽天空，

隆隆的雷声回荡空中，

每颗跳动的心都感到，

受到可怕命运的掌控。

即使碧空万里的苍穹，

也有燃烧的雷电俯冲，

生活即使是快乐幸福，

需提防不幸潜伏其中。

这时演员情不自禁地朝雷声大作的天空望去，那种表情打动了全场的观众。这部悲剧以它语言的节奏感和音乐性给人以深刻印象。

六、《威廉·退尔》

历史根据和剧本构思

1797 年，歌德再次游历瑞士四林湖地区，那里壮丽而雄伟的自然环境给他留下了深刻印象，他想结合退尔的传说写一首诗，但是因为手头工作较多没有动手。他便把这一想法全部告诉了席勒，建议席勒以这一题材创作一个剧本。

席勒并没有去过瑞士，他在着手这一剧本创作时，对瑞士的历史作了大量研究。凡是能弄到的瑞士地图，他都统统贴在房间的墙上，然后阅读各种瑞士游记，直到熟悉了每一条道路和每一个角落。

剧本的历史根据是这样的，瑞士四林湖地区有三个古州，即施维茨、乌里和翁特瓦尔登，这里的居民自古便享有自治权。他们选举州长，自己管理公共事务，只是遇到重大问题时，才由日耳曼神圣罗马帝国的皇帝来裁决。他们于 1241 年曾出兵协助腓特烈二世出征意大利。腓特烈二世为酬报他们的功绩，颁布了各州人民的"自由诏书"。1721 年为反抗奥地利哈布斯堡王朝的暴政统治，这三个州的领袖聚集在吕特利高山牧场，结成永久同盟。

退尔射苹果的故事是日耳曼人的一个古老传说，在北欧流传很广。据说大约在 950 年，国王布劳查恩曾强迫著名射手托科射放在自己儿子头上的苹果。托科从箭袋中取出两支箭，第一箭射中了苹果。国王问他为什么拿出两支箭，他回答说："假使第一箭没射中苹果，第二箭就射死你。"为此，国王后来将托科暗杀。当这个故事传到瑞士时，托科的名字变成了退尔。

席勒所写的这个剧本与他以前的剧本不同之处在于，它不是悲剧，而是正剧。剧中的主人公并不只是威廉·退尔，而是广大民众，退尔只是其中之一。他把平行发展的三条线索联系在一起：一条是瑞士民众争取自由的运动，另一条是贵族参与民众运动，第三条是全瑞士最优秀的射手威廉·退尔的传奇故事。通过退尔射苹果的故事形成全剧的中心情节，使各种力量联合起来，反对异族专制统治，争取人民的自由和解放。通过这个剧，席勒想借以激发德国人民奋起反抗外来侵略的决心。因为自从1796年，拿破仑的侵略战争已经波及席勒的故乡施瓦本，他的父母姐妹都生活在法国驻军的统治之下。

1803年10月27日，席勒给威廉·沃尔措根写信说："我正在努力写作《威廉·退尔》，想用它来把人们的头脑再激励一下。他们非常渴望这类群众性的题材，现在他们尤其爱谈瑞士的自由，因为它已经从世界上消失了。"

剧情梗概

全剧以四林湖滨的田园风光启幕，渔童唱着牧歌：

湖波笑盈盈，招人去沐浴，

少年酣睡在碧绿的湖滨，

他听到一个旋律，如玉笛般清新，

又像那天国里，众天使的声音。

当他在幸福的欢乐中醒来，

清波荡漾着他的胸怀，

湖心里谁在呼唤：

可爱的孩子，你是我的，

我引诱睡童把他牵入湖中。

突然暴风雨即将来临，预示着奥地利强权入侵，瑞士人的田园生活从此告终。一个叫鲍姆加腾的人逃亡到这里，他打死了试图强奸他妻子的当地总督，他请求湖边的人帮他逃到湖上。这时退尔不顾风急浪高，帮助他逃走。

附近三个州的民众都不堪忍受奥地利属下总督的迫害，在四林湖畔的吕特利牧场秘密结成自由联盟。但退尔自认为安分守己，并没有加盟。

> 我们是一个统一的民族，
> 任凭艰难险阻誓不分离，
> 我们要向父辈们那样，
> 宁死不当亡国奴。
> 我们敬畏至高无上的上帝，
> 决不屈服凡人的权力。

退尔带大儿子瓦尔特前去阿尔特多夫，在经过路口时，忘记向挂有当地总督帽子的杆子敬礼，因而被捕。当地总督盖斯勒平日对这个著名射手既恨又怕，因此想出一个毒招来报复退尔。要退尔用箭射放在他儿子头上的苹果。退尔沉着地取出两支箭，第一箭便成功地射中了苹果。当民众为退尔的成功欢呼雀跃时，总督要退尔说明第二支箭作什么用。退尔坚定地说："如果第一箭射中我的孩子，我就要用第二箭射死你。"总督气急败坏，命人将退尔捆绑押走。押运途中船遇风暴，退尔奇迹般地脱险。他在总督回府的路上又见盖斯勒纵马行凶的场面，他从背后将盖斯勒射杀。这一行动成了发动民众的动员令，于是男女老少以及贵族成员都投入了争取自由的斗争。

> 暴君的权力终究是有限的，
> 如果受压迫者得不到正义，
> 如果压迫者令他忍无可忍，
> 他会勇敢地把手伸向上苍，
> 从那儿伸张他永恒的正义。

因为天底下的正义像繁星，

不可转让也永远不可摧毁。

…………

如果任何一种方法都不起作用，

还有最后的手段：拿起武器！

社会反响

1804 年 3 月 17 日，《威廉·退尔》在魏玛首次上演，大获成功。歌德认为这出剧"非常出色"。剧本在短短的几个星期内便售出了一万本，这在当时简直是无与伦比的成就。其后剧本被翻译成多种文字，广为传播。席勒的反对派作家许莱格尔兄弟，上次看到《大钟歌》之后，笑得前仰后合，差点从椅子上摔下来，他们指责席勒的大钟没有钟舌，怎能敲响。可是这一次，连他们对这一剧本也是赞不绝口。美因茨的选帝侯为此称席勒是"德意志的头号诗人"。

席勒虽然没有去过瑞士，也未亲身体验过瑞士居民的风俗习惯和生活方式，但是凭借他刻苦的钻研和驰骋的想象力，使剧中呈现的自然景色和各种人物形象生动逼真，给人以身临其境的感受。直到今天，瑞士人还把《威廉·退尔》看作他们自己的民族史诗。

1813 年至 1814 年德国民族解放战争爆发，《威廉·退尔》一剧大大鼓舞了解放战争中的青年战士。席勒的挚友克尔纳的儿子特奥多儿便是一名杰出的解放战争的战士。他的好友洪堡的夫人甚至说："席勒如果活到 1813 年，而且身体健康允许的话，他是一定会参军的。"

1848 年德国三月革命时期，《威廉·退尔》在德国各地上演。在卡尔斯鲁厄剧场首演时，正值巴登爆发革命。1849 年 1

月 18 日在纽伦堡上演，是为庆祝德国人民基本法的宣布。连反动的《普鲁士汇报》在 1848 年第 85 期上也报道说："几天以前，可以看见我们歌剧院墙上有人用粉笔写的'明天上演《威廉·退尔》'，人民渴望在战斗的激动的头几天中，找到一个精神上的支点。在我们伟大民族诗人自由思想的崇高奋发中，寻求本身感情的表达。现在人民的愿望果然实现了。今天（1848 年 3 月 23 日），《威廉·退尔》的演出成了人民的节日。"

在我国，《威廉·退尔》出现过多种译本，最早的译者是马君武先生，后又有钱春绮先生等人。在抗日战争期间，我国就已上演了这一剧本，并产生了广泛的影响。

第11章

英年早逝与永世的缅怀

每当我想到在世界上或许还有很多这样的人，他们和我素不相识，但是却爱着我，为能认识我而感到高兴，在一百年或许更长的时间之后，当我早已化为尘土随风飘去，如果人们还缅怀我，敬仰我，在我的墓前为我而洒泪，我会为我的诗人生涯而感到高兴，坎坷的命运也就算不了什么了。

——席勒

一、柏林之行

1804年对于席勒说来是辉煌的一年，《威廉·退尔》的演出取得巨大成功。1804年也是他动荡和多病的一年，他的病情不断加剧。这年他44岁了，妻子夏洛特怀上了第四个孩子。作为一家之长，他一直在考虑如何使今后的家庭生活有经济上的保障。他想，如果凭借他"不可阻挡的精神力量"能进入知天命之年，就能积攒下足够的钱，让家人衣食无忧，但现时生活依然拮据。尽管他当时稿费和演出的分红不少，但能投入储蓄的仍然不多。他曾诙谐又令人心酸地说，如果他能活到 50 岁，人们定会将他归于最多产的剧作家之列。

《威廉·退尔》首演过后不到六个星期，席勒带着怀孕的妻子和两个儿子踏上了前往柏林的旅途。柏林是他期待已久的城市，当年在曼海姆的戏剧家伊夫兰现任柏林国家剧院的经理，席勒的剧本在这里演出也大获成功。况且柏林有丰富的城市精神生活，可以使他拓展自己的视野。席勒以惊讶好奇的眼光打量着这座巨大的城市。为了表达对诗人的尊敬，柏林特意上演了席勒的四部戏剧：《墨西拿的新娘》《奥尔良的姑娘》《华伦斯坦之死》和《强盗》。从第一场演出开始，剧场的观众便向他表示敬意，在街上认出他的行人也纷纷向他致敬。

普鲁士皇太子路易·斐迪南特地在皇宫设宴招待席勒。女皇路易丝也是他的忠实崇拜者，邀请席勒全家到无忧宫做客。席勒的两个儿子，11 岁的卡尔和 8 岁的恩斯特同王储和他的兄弟，即后来的威廉一世国王在一起玩耍。女皇还希望席勒能考虑将来在柏林住上几年，一方面在国家戏剧学院任职，另一方面协助教育太子。

5 月 21 日，穿越勃兰登一望无际的平原，进入丘陵和山脉起伏的图林根，席勒一家回到了魏玛。席勒作为施瓦本地区的人，他说："若不是考虑到家庭，我还是最喜欢魏玛。"

对于女皇的邀请，席勒写信给克尔纳说："我和夫人都喜欢柏林，而且柏林比我们想象得要好。在那里，人的个性享有充分的自由，市民生活无拘无束，而且也不乏音乐和戏剧，尽管音乐和艺术在那里并没有真正体现它们的价值。再说我还觉得孩子在柏林生活前途会更大一些，对我也是这样，只有在那儿生活，我才会有一些改变……但是从另一方面来讲，我不喜欢破坏老关系，进入一个全新的环境会让我感到不自在。"

回来后不久，席勒又陷入了疾病的魔爪之中。他一再试图靠意志的力量去战胜病魔，但已无济于事。夏洛特认为，当年的军校生活是他体弱多病的首要原因。他时常痉挛、发寒热、绞痛甚至昏迷。

后来一位席勒研究专家、文艺理论家格尔特·于鼎说："很少有作家像这位当年的军医和后来德国戏剧的古典作家那样，生命的历程几乎就是疾病的历程。"疾病和创作在他身上几乎是合二为一的。对他来说，工作不是医病的良药，却是能让他忘记疼痛的麻醉剂。

歌德在与艾克曼的谈话录中曾经提到烂苹果的故事。有一天歌德去看望席勒，但他不在家，他夫人说很快会回来。于是歌德便在他的写字台旁坐下来，想记录一些随感的东西，但是很快感到一阵莫名的恶心。后来才发现，一个抽屉里全是腐烂的苹果。席勒夫人解释说，这种气味能让席勒感到好受，没有这种气味，他就无法生活和工作。

二、生命的终点

1805年1月底，席勒告诉歌德，他的家看上去如同一座战地医院，孩子们发风疹块，他自己又感冒了，浑身痉挛，发烧，便秘也经常让他痛苦不堪。他甚至认为便秘影响了他的剧本创作："该死的便秘！每年让我少创作一出悲剧。"

2月底情况稍有好转，3月5日席勒又得了流感，卧床两周，高烧不断。有时候把他放到病人用的坐便器上，他会因为身体太虚弱而昏厥。但是他不可思议的精力和生命力每每又都能使他振作起来，这不仅蒙蔽了他自己，也蒙蔽了身边的人。4月25日，席勒还满怀希望地给克尔纳写信说："我们终于也感受到了美好的季节，它不仅给我们带来了勇气，而且还给我们带来了美好的心情。如果我的生命和勉强维持的健康能支撑到 50 岁，我就心满意足了。"没有想到的是，这是他给克尔纳写的最后一封信。

5 月 1 日，席勒最后一次去剧院观看演出，当时也处于病中的歌德曾到席勒家中劝阻，这竟是两位大师的诀别。席勒夫人夏洛特在 5 月 6 日还给出版商科塔写信，告诉他，经过几天的折磨，席勒的情况又有了好转，做了一次药草浴后，胸部剧烈的痉挛减轻了，咳嗽也平缓了，总之席勒对健康重新产生了信心和勇气。但是仅仅过了三天，席勒便离开了人世。那天下午 3 点的时候，他停止了呼吸，彼时还握着妻子的手，他的脸像遭到电击一样抽动了一下，接着脸上浮现出彻底的安详，看上去就像一个正在熟睡的人。席勒走完了他四十五年六个月的人生路程，将短暂与永恒融合到了一起。留下了他未完成的剧本《德梅特里乌斯》和一长串拟定的剧目清单。

席勒夫人夏洛特回忆道："他没有料到最后的离别就在眼前，至少他没有对我说。当他彻底崩溃的时候，他的脸因痉挛而扭曲，头已经抬不起来了，我托起他的脸，让他的姿势好受一点。他看着我，发出亲切的微笑，眼神开始回光返照。我低下头，他亲吻了我。这是他最后的知觉，而我还抱着希望。"

1805 年 5 月 9 日是席勒去世的日子。由于席勒夫人陷入极度的悲痛之中，席勒的安葬是由魏玛新教高级监理会成员，在宫廷专司布道事宜的官员处理的。整个葬礼的安排令人费解，以致这一事件成为两百年来德国争议和谴责的一个焦点。人们纷纷质疑，作为十年亲密合作的战友和宫廷枢密顾问的歌德为什么会对此毫不过问，无动于衷？

安葬过程是这样的：席勒去世两天后，这天夜里就要下葬，不举行任何仪式，不对外公布，抬棺人还是花钱雇来的工匠。只是这最后一点，由于一位获知这一信息的年轻人的努力才得以改变。他是27岁的卡尔·雷伯埃希特·施瓦伯，魏玛市长的儿子，任政府办公室秘书。

施瓦伯5月11日下午刚从外地归来，听未婚妻说到席勒去世的消息和当天夜里下葬之事，感到诧异并勃然大怒。怎么能这样给我们伟大的诗人下葬呢！他向主持安葬的官员提出："只有尊敬席勒的才华、真真切切地感受到他的去世对整个文化界是一个无可估量的损失的人才有资格向席勒表示最后的敬意，把他的灵柩抬送到墓地。"但是，他得到的冷冰冰的回答却是"已经来不及了"。

这位年轻人提出抬棺人的费用可以由他出，因为"如果这位最高尚、最可爱的诗人的遗体由几个花钱雇来的人抬到墓地，这些人对席勒毫无感情可言，而且根本不知道席勒对于德意志民族是怎样一个人物。这对于魏玛实在是一种耻辱"。

要找到十多位适当的抬棺人，时间已经非常紧迫了。到当晚7点，施瓦伯只好用散发通知的办法邀请他们参加葬礼。结果在被邀请的十三个人中，除一人因病不能参加，只有一个人托故未来参加，此人便是歌德儿子的家庭教师，一位语文学家，他就住在歌德家中。

午夜过后，大约二十个一袭黑衣的男人在施瓦伯带领下，安静而肃穆地朝席勒家中走去。5月的夜晚，月白风清，偶尔有几缕云彩从月前飘过。席勒的家也非常安静，只有灵柩旁边的房间传出哭泣和抽泣声。抬棺的队伍穿过寂静的城市，最终来到圣雅各布教堂的墓地。席勒的遗体被安葬在大众墓穴之中。只是在第二天下午，圣雅各布教堂举行了一场简短的哀悼仪式，却未发讣告。但是，魏玛剧院的演员们出于哀悼之情，拒绝了当晚的舞台演出，剧院晚场被取消了。

三、历史的悬疑和争论

在席勒逝世 100 周年时，即 1905 年 5 月 9 日，一位历史学家和诗人奥托卡尔·凯恩施托克发表了一篇韵文形式的后记。他用朗朗上口的音韵再现了百年历史的悬疑和愤懑。他从前一位过世的文艺大师的安葬说到席勒的安葬，把魏玛比作雅典，矛头直指魏玛大公和德国古典文学奠基者之一的歌德。

这位诗人写道：

> 上帝赐予人类的大师去世了，
> 没有隆重的葬礼，只有六个抬棺人
> 像小偷一样抬着死者匆匆穿过夜色。
> 没有最后的告别，没有祝福的祈祷。
> 棺椁顺着颤悠悠的缆绳
> 被吊进腐臭的墓穴。
> 粗大的双手砰地关上吊门，
> 席勒的最后一出剧也随之落幕。
>
> 德意志祖国没人站出来
> 为家乡优秀的儿子打抱不平，
> 没有葬礼的钟声在穹顶回荡，
> 对大钟歌手说声一路走好。
> 如果魏玛的艺人没有因痛苦
> 说一声"今天我们不登台！"
> 人们很有可能会用无聊的杂耍
> 打发德国人民最悲哀的一天。
>
> 尊贵的司诗圣人们，你们在哪里？

那位以支持艺术扶持歌艺

而著称的大公，你在哪里？

当皮拉德斯走向坟墓的时候，

艺术王国的君主，宫廷的大臣，你在哪里？

宙斯病了，有谁敢犯上

对玉体欠安的天神言语一声！

空空荡荡！巨大的大厅，

今天竟然没有一个百年祭的客人。

但是祭奠的幕布已经落下，

于是闭幕人走上舞台，发表演讲，

没有滔滔的说辞和砰然的香槟，

但是传言永远不会平息：

诗歌王国中一个最富有的国王

被你们像一个最贫穷的叫花子埋葬！

两百年来，人们一直对席勒的葬礼感到疑惑，其一，为什么选在子夜时分下葬？这在当时是没有先例的，只有死刑犯和自杀身亡者才会被这样处置。其二，为什么由雇来的工匠作为抬棺人？这一点由于市长之子施瓦伯的努力才得以改变。其三，席勒为什么被葬入人称"财务局墓室"的大众墓穴，而且没有明确的标志？

人们最后把疑问的目光集中在歌德那里。施瓦伯当时曾为他辩解说："多年来，两位伟人之间存在着一种真正深厚的友谊，正因为如此，不了解情况的人会感到诧异，为什么歌德在席勒下葬的时候表现得如此消极。但是对歌德所有的指责都是没有根据的。1805 年的春天，歌德和席勒一样，也得了重病……席勒去世的时候，人们把挚友的噩耗对生病的歌德瞒了好几天。席勒已长眠于地下后，歌德还一直以为他仍活着。"

两百年后，德国传记作家约翰·雷曼在《我们可怜的席勒》一书中揭出了问题的真相：歌德当时身体已经彻底恢复，席勒去世后的第二天他已知道了席勒的死讯，但是他什么也没有做。他所表现出来的消极态度实际上反映出他对席勒的真实态度。对于一位知名度已经超出自己的竞争对手，他凭什么要给他大兴葬礼呢？这正是这位伟人存在的庸人心理。

四、后续的葬礼

席勒去世不久，他的家乡符腾堡公国的一位民间文学作家鲁道夫·查哈利亚斯·贝克便收到一封匿名信，他遂将该信登在 1805 年 7 月 6 日的《帝国日报》上，信的标题是"难道我们不想捐建一座席勒纪念碑？"信中建议，全德意志约定一天同时上演席勒的一出剧，将演出所得用于建造一座席勒纪念碑。为此，贝克还在多家报纸发出呼吁，将诗人在 1805 年的生日（11 月 10 日）定为演出日，请大公恩准，选购一块风景秀丽的地方命名为"席勒长眠地"或"席勒园林"，并请席勒的挚友德国古典主义雕塑家达内克为席勒塑像。

呼吁一经发表，立即得到空前的响应。贝克将义演所得源源不断地寄给席勒的家属。此外，有些剧院直接将善款寄给了席勒的夫人。卡洛琳娜·封·沃尔措根负责筹划，她将这些钱存到了彼得堡。席勒夫人非常感动，期盼席勒园林能早日建成。但是，后来由于拿破仑的入侵和魏玛人的不同处理方式而未能实现。

1826 年，由于葬有席勒遗骸的大众墓地穴位已满，必须重新清理。魏玛市长施瓦伯听说此事，专门召集了一个会议，宣布寻找席勒遗骨。但是墓室里阴暗潮湿，大部分棺木都已腐烂。于是市长命人采取"盗墓"的方式，最后收集到二十三个头盖骨。他将这些头盖骨整齐地排列起来，加以鉴别。很快便确认出席勒的头盖骨。并且经过三位医学专家的鉴定，与席勒去世时的面模作了比较，得到一致的确认。此外，还邀请了大批席勒的熟人逐一来鉴别，结果是一致的。

卡尔·奥古斯特大公和歌德得知这事后感到非常高兴，他们向施瓦伯市长表示感谢和赞赏。后来歌德也参与了遗骨的鉴别，还专门写了一首诗《席勒的遗骨》，诗中写道：

　　把你这至宝移出霉湿之地，

　　恭恭敬敬地走向白日的光明，

　　自由的空气恢复自由的沉思。

　　人在一生中最大的收获，

　　是他们得到上帝——自然给予的启示，

　　她能把坚定不移者化为精神，

　　把精神产物保存得坚定不移。

席勒夫人再次希望能在魏玛教堂新辟出的墓地里选个地方作为席勒园林，可供席勒夫妇等人合葬的墓地。这个愿望虽与市长的建议不谋而合，但是大公等人却另有打算。这就是："与其将席勒的头盖骨掩埋在能毁灭一切的泥土里，不如将它摆放在图书馆的一个精致的橱柜里陈列。"

1826年9月17日上午11时，在大公图书馆举行了席勒头盖骨的安放仪式。大厅的布置是经过精心策划的，一边是尚未作古的77岁高龄的歌德的大理石半身雕像。另一边便是达内克用卡拉拉大理石雕刻的席勒的半身雕像。这尊雕像是大公命人从席勒家人手中强行收购的。雕像下方便是安放头盖骨的盒子。席勒夫人未能出席仪式，因为她在7月9日已经去世，葬于波恩。但是大公图书馆的最高负责人，即歌德本人，也没有参加这一仪式。

后来，歌德请德国建筑设计师考德瑞为席勒设计一个带墓穴的陵寝，并把它作为与自己的合葬墓。灵堂上方有一圈铭文"席勒和歌德——生前的朋友——在这里相伴——卡尔·奥古斯特题"。歌德将设计和选址方案报请奥古斯特大公恩准。

这一方案虽然为大公所批准，但是实施却遥遥无期。因为大公的情人封·海根多夫太太反对。她说："利用席勒的遗骨来达到向歌德表示敬意的目的，这有辱对席勒的缅怀。"由于她在宫廷中的影响力，使得事情被搁置起来。

1827 年，巴伐利亚国王路德维希来到魏玛，瞻仰了席勒的头盖骨，他对于这种保存方式极为不满。终于，奥古斯特大公觉得在图书馆保存席勒遗骨多有不当。这年 12 月 16 日，装有席勒遗骨的棺椁被安放到了王室陵寝的墓室中，五年以后歌德也安葬于此。

后来，在魏玛德国民族剧院门前，建起了并肩屹立的歌德和席勒的全身铜像。

五、不绝如缕的思念

席勒身后的荣誉，从他去世就已经开始。最初，人们把他看作政治诗人，是德意志民族统一和自由的预言家。在抵御拿破仑的战争中，在反对民族分裂、争取民族统一的进程中，《威廉·退尔》的主人公和席勒都成了人民心中的楷模。"吕特利盟誓"也成了德意志民族的盟誓："我们是一个统一的民族，任凭艰难险阻誓不分离！"

作为德意志民族诗人，席勒的爱国楷模地位不可动摇。1813 年在一个小酒馆，一个普鲁士军官对《少年维特之烦恼》

表现出了不屑一顾的态度，邻桌的一个人于是问他："那你大概是喜欢席勒的《强盗》吧？"军官回答说："那是自然。席勒在军人的心中是堂堂男子汉，他唤醒了我们的勇气，激励我们勇于行动。"而那位邻桌的人恰恰是《少年维特之烦恼》的作者歌德。

席勒去世后，各地掀起了文化崇拜的浪潮。1839年5月8日，斯图加特隆重举行席勒纪念碑的揭幕仪式，整个庆典成了一个民族宗教的节日，教堂的钟声在空中回荡。一位基督教神父主持了由丹麦新古典主义雕塑家托瓦尔森创作的席勒塑像的落成仪式，并且认为这是一个"可以参拜的塑像"。

著名神学家和传记作家大卫·弗里德里希·施特劳斯为此作过分析："时代的发展方向是尊敬上帝通过伟人发出的昭示，因为他们对人类的作用是创造性的，他们给人类注入了活力。我们对此可以持批判的态度，也可以持赞同的态度，但是我们无法否认，近代宗教的崩溃给当代有知识的人只留下了一样东西：对天才的崇拜。"

1859年席勒100周年诞辰，为了纪念自己的民族诗人，德国人民举国上下隆重庆祝，花费和排场可谓前无古人后无来者。整整三天时间，盛大的游行队伍在所有城市穿街走巷。庆祝活动丰富多彩，有戏剧演出、报告会、纪念会等。多处纪念碑举行揭幕仪式，多处广场和街道举行命名仪式。工人和手工业者、教授和学生、教师和艺术家，人人热情空前高涨。这种规模的庆祝活动在今天几乎是难以想象的。

席勒的作品成了格言的宝库，人们套用席勒用过的熟语来表达不同的人生：对热恋的人来讲，再小的房间也够大；对愚昧连上帝也无能为力；伟大的心灵善于默默忍受；长篇大论言之无物；生命是严肃的，艺术是快乐的；世界史就是世界的法庭；迫不得已，并非情愿；等等。

1955 年，在席勒去世 150 周年的纪念活动上，著名作家托马斯·曼再一次提到民族诗人的概念。他说：1859 年在席勒100 周年诞辰的时候，一场席勒风暴横扫了当时还没有统一的德国。德意志人民虽然处于四分五裂的状态，但通过他们的诗人却紧密地团结在了一起。通过他精神的复活，他温柔而又强劲的意志中，有一些东西进入到我们的心中——真、善、美、文明、教养、内心的自由、艺术、爱情、和平和对具有自我拯救意识的人类的敬畏。

席勒不仅是德意志民族的诗人，也是世界人民的良师益友。早在 1955 年席勒逝世 150 周年时，世界和平理事会便发动世界各国人民共同纪念这位伟大的诗人。

2005 年在席勒逝世 200 周年时，我国美学界也曾经集会，就席勒美学思想对我们的启示展开了讨论。在德国，一套五十七卷的国家版《席勒全集》完整地出版了，这是献给人类的一份宝贵的精神财富。

附 录

年 谱

1759 年　11 月 10 日，约翰·克里斯托夫·弗利德里希·席勒出生于内卡河畔的马尔巴赫。

1764~1766 年　席勒家迁至罗尔希。

1766 年　席勒家返回路德维希堡。

1767 年　进入拉丁语学校。

1773 年　进入大公军人栽培学校。

1780 年　毕业于卡尔高等学校，获医学博士学位。

1781~1782 年　在斯图加特任军医，自费匿名出版《强盗》，1782 年 1 月 13 日《强盗》在曼海姆首演。

1782 年　9 月 22 日逃离斯图加特。12 月 7 日至次年 7 月 24 日住在鲍尔巴赫，完成《阴谋与爱情》。

1783 年　出版《斐艾斯柯》，任曼海姆剧院作家。

1784 年　卡尔·奥古斯特大公授予席勒"魏玛宫廷顾问"之衔。

1785 年　受克尔纳邀请，居住在莱比锡和德累斯顿，发表《欢乐颂》。

1787 年　出版《唐·卡洛斯》。

1788 年　完成《荷兰独立史》第一卷，10 月出版。

1789 年　迁居耶拿，任耶拿大学历史学教授。

1790 年　与夏洛特·封·伦格菲德结婚，开始写《三十年战争史》。

1791 年　重病，接受丹麦王子克里斯蒂安·封·奥古斯腾堡提供的三年生活费，开始康德哲学研究。

1792 年　继续美学研究，获法兰西共和国荣誉公民称号。主编《新塔利亚》杂志。

1793年　返回符腾堡，9月14日长子诞生，发表《美育书简》及《论素朴诗与感伤诗》。

1794年　因《时序女神》开始与歌德交往。

1795年　主编《时序女神》，首期出版。

1796年　开始《华伦斯坦》的创作。其父于9月7日去世。主编《诗神年鉴》。

1797年　5月与歌德开始创作叙事谣曲，此年被称为"叙事谣曲年"。

1798年　创作叙事谣曲，完成《华伦斯坦》一、二集，完成长诗《艺术家》。

1799年　迁居魏玛，完成《华伦斯坦》第三集，完成《大钟歌》。

1800年　重病，完成《玛丽亚·斯图亚特》。

1801年　完成《奥尔良的姑娘》，改编戈茨的《图兰朵》。

1802年　4月乔迁新居，4月29日其母去世，11月16日获贵族封号。

1803年　完成《墨西拿的新娘》。

1804年　完成《威廉·退尔》，柏林之行，旧病复发。

1805年　写作《德梅特里乌斯》，5月1日最后一次去剧院，5月9日去世。

主要著作

（一）美学著作：（中译本）

1.《美育书简》（附论美书简），徐恒醇译，中国文联出版公司，1984年。

2.《审美教育书简》（附论崇高），冯至、范大灿译，北京大学出版社，1985年。

3.《秀美与尊严》，张玉能译，文化艺术出版社，1996年。

4.《席勒散文选》，张玉能译，百花文艺出版社，1997。

5.《论悲剧艺术》，载《古典文艺理论译丛》，1963年，第6辑。

6.《论悲剧题材产生快感的原因》，载《古典文艺理论译丛》1963年第6辑。

（二）历史学著作：

1.《荷兰脱离西班牙统治的独立史》，1788 年，德文版。

2.《三十年战争史》，1793 年，德文版。

（三）戏剧作品：

1.《强盗》1781，杨文震、李长之译，人民文学出版社，1956 年。

2.《斐艾斯柯在热那亚的谋叛》1783，德文版。

3.《阴谋与爱情》1783，廖辅叔译，人民文学出版社，1978 年。

4.《华伦斯坦》1799，郭沫若译，人民文学出版社，1955 年。

5.《玛丽亚·斯图亚特》1801，张玉书、章鹏高译，上海译文出版社，1985 年。

6.《奥尔良的姑娘》1802，张天麟译，人民文学出版社，1956 年。

7.《墨西拿的新娘》1803，德文版。

8.《威廉·退尔》1804，钱春绮译，人民文学出版社，1956 年。

（四）诗歌作品：（中译本）

1.《歌德席勒叙事谣曲选》，王以铸译，人民文学出版社，1980 年。

2.《诗选》，钱春绮译，人民文学出版社，1984 年。

（五）翻译和改编的作品：

1.〔希腊〕欧利庇德斯：《腓尼基女子》，1789 年，德文版。

2.〔希腊〕欧利庇德斯：《在奥利斯的伊菲格妮》，1789 年，德文版。

3.〔法国〕皮塔瓦尔：《著名的诉讼案件》，1792~1794 年，德文版。

4.〔英国〕莎士比亚：《麦克白》，1801 年，德文版。

5.〔意大利〕戈齐：《图兰朵》，1802 年，德文版。

6.〔法国〕拉辛：《费德尔》，1805 年，德文版。